不登校論の研究

本人・家庭原因説と
専門家の社会的責任

山岸竜治

批評社

まえがき

　本書は批判の書である。批判以外のことも書かれてはいるが、本書の基本的性格はやはり批判であるだろう。その批判は、主に不登校問題の専門家に向けられている。かつて彼らの多くは「本人の性格や親の養育態度に問題（悪いところ）があるから不登校は起こる」という原因論、すなわち本人・家庭原因説を長期にわたって主張した。おおむね1960年前後から1990年頃までの話である。

　本人・家庭原因説は、不登校の当事者——子ども本人やその親——を傷付ける性格の言説である。本書は、専門家によるそのような主張が自制できなかったのかを問うている。ひらたくいえば、私は本書で、不登校の当事者を傷付けた専門家を、人を傷付けたことを理由に、批判した。

＊

　本書は、本論3部立て全9章という構成である。

　第1部は、わが国で不登校研究が始まる頃までの歴史研究を試みた。第1章では、今日いう不登校の子どもが戦前には存在していなかったのかを問い、第2章では、不登校の子どもがどのようにして専門家による干渉や処遇の対象となっていったのか、そのプロセスを探っている。

　第2部では、本人・家庭原因説の主張と放棄について、その理由を考えた。第1章では、教育相談学の専門家を取り上げ文献に基づく事例研究を展開し、第2章では、当時の文部省を焦点化し社会（史）的文脈に照らし合わせながら考察している。

第3部では、わが国の不登校研究の問題点の剔抉を目指した。第1章では、不登校を家族病理と捉えていた児童精神医学の専門家を、第2章では、不登校を個人病理と捉えていた臨床心理学の専門家を、それぞれ取り上げて、文献に基づいた事例研究を行った。更に第3章では、教育学へ視点を移し、本人・家庭原因説の立場で実践報告をあらわして教育学界で表彰された中学教師を事例研究している。

　これらの詳細が「序論」以下で展開される。

*

　本書は、治療論ではなく原因論を取り扱ったものであるが、もしかしたら、「人の批判ばかりして、あなた自身の不登校論はどうなってるのか。不登校はこうしたらなおる、というのを答えてみよ」という問いが寄せられるかもしれない。私なりの回答を示しておきたい。

　私にいわせれば、「不登校はこうしたらなおる」論は、そういうものがあるという前提に立っている。だが、そもそもこの前提は正しいのか。研究の始まった当初から、不登校問題をめぐっては「こうしたらなおる」論が存在すると想定されているようなのであるが、私にはそうは考えられない。

　すなわち、「こうしたらなおる」論はない、というのが私の立脚点である。人々は——専門家以外の人も含めて——不登校臨床の精神医学あるいは臨床心理学みたいなものがあって、それがどういうかたちで存在するのか、という議論を続けてきた。しかし、そもそもそのようなものが存在するのかどうか、をよく吟味してみる必要があったと思う。

　不登校に関して、「こうしたらなおる」論は存在しない、と私は思う。なぜなら、不登校というのは余りにも人それぞれのもの、であるからだ。すなわち、不登校というのは、子どもが長期間学校に行っていないという点を除けば、実は余りにも不定型なものである。特に重要な点は——そして治療論において致命的に見落とされていると私が思うのは——、人それぞれに本当に様々な人間関係が繰り広がっているという点である。例えば、

学校に行け（か）なくなったとして、その状態を理解・受容できる人々に囲まれている子どもと、その反対の子どもとでは、日々の過ごしやすさ——呼吸のしやすさ、といってもいい——だけでも天と地との違いがある。その後（転帰）における有利不利も全然違う。

　不登校は、いってみれば人の一生のごく前半で起きる「人生の問題」の一種であり、例えば結婚や離婚や再婚や未婚や家族ができる／できないの問題がそうであるように、あるいは就職や退職や辞職や免職や転職や転勤や失業や無業の問題がそうであるように、「運」に左右されつつ、「個性」や「人間的魅力」などの定量化できないものをも含めた余りにも多くの要素・要因・文脈が入り混じり絡まり合うため、実はそもそも科学ないし学問には馴染まない性質の問題だったのではないだろうか。人生の科学というものが可能ではないように、不登校の科学というのも実はそもそも不可能ではなかったのか。

　別のたとえで語ろう。恋愛論は存在する。中には卓越したものもある。しかし、だからといって、卓越した恋愛論にしたがえば誰の恋であっても成就するというものではない。中には上手くいく恋があるが、上手くいかない恋の方が多い——そういうものだろう。それというのも、恋愛なり恋なりが、そもそも「運」に翻弄され「個性」や「人間的魅力」などの絡む「人生の問題」であるから、上手くいったりいかなかったり、そういうものであり……、いや、そういうものでしかないのではないのだろうか。

　そして、恋が上手くいったからといって幸せな人生が約束されるわけではないように、不登校ではなくなったからといって満足できる人生を送れるというものでもない——これはニヒリズムではなくリアリズムだ。もちろん逆もある。

＊

　不登校は基本的に薬物を必要とする問題ではない。しかし、人（人間）を必要とするものではあると思う。ここを出発点にして改めて考えてみて

まえがき　5

はどうだろう。

　子どもが学校に行け（か）なくなると、大抵の場合、周囲は、専門家のところに連れて行こうとするだろう。そして、その子どもが、医師とか臨床心理士とか、あるいは適応指導教室とかにつながると（有形力を用いる人々は論外である）、ひと安心するものであるだろう。だが、実はここで気をつけないといけないことがあるように思う。

　専門家につながることが悪いとはいわない。しかし、ひとりの専門家につながることで、周囲の安心——あるいは油断——もあって、そこで停滞が起こり、いろいろな人との出会いが疎外されてしまうことが起きがちではないかと思う。この点には最大限の注意が必要で、専門家につながっても、そこが、そこからどこにも行けない行き止まりの場であったのなら、事態はよい方へは動き出さないように思う。

　サイコセラピー（的なもの）には、そもそも、よくなったら自分たち専門家の専門性のお陰、しかしよくならなかったら当事者の責任（努力不足など）、にできる構造がある。また、専門家は皆、知らぬふりをしているが、治療的枠組みは実は切り離しのツールでもある——専門家にかかるのなら、こういう点に対する注意も必要だろう。

＊

　繰り返しだが、不登校に関して「こうすればなおる」論は存在しない、と私は思う。しかし、「どういうことが起きるとよいのか」についてなら、少しだけだが、述べることができる。

　それは、よい大人に十分に巡り合うこと、である。よい大人とは、人生の先輩であることを理由に年少者への責任を感じてしまうような人のことである。

　そういう大人と十分に巡り合えること——それは多くの「人生の問題」がそうであるように、「運」に支配されるところが大きい。しかし結局それが人生のリアリズムであり、不登校のリアリズムではないかと私は思う。

不登校論の研究
――本人・家庭原因説と専門家の社会的責任＊目次

まえがき　3

序 論 ……………………………………………………………………… 15

1. はじめに　16
1.1. 問題意識　16
1.2. 本研究の性質　17

2. 研究の状況　18
2.1. 全体的状況　18
2.2. 先行研究展望　19
2.3. 研究状況のまとめ　24

3. 課題と構成　25

4. 対象と方法　26

5. 用語について　28

【注】　29

【本人・家庭原因説の具体例】　31

第1部　不登校研究前史展望

序章 …………………………………………………………………… 42
【注】　43

第1章
不登校は戦後の現象か ………………………………………… 44

1. 不登校は戦後の現象か　44

2. 戦前・戦中期のクラスメートの不登校　46

3. 戦前・戦中期の自分自身の不登校　47

4. 戦後まもない時期の自分自身の不登校　48

5. 不登校は戦後の問題ではない　50

6. 「出会い」の時期と「出現・発生」の時期の混同　50

7. 不登校の原因になり得る教師／教師が原因で不登校は起こり得る　52

8. 専門家は子どもたちの心の声を聴き取っていたのか　53

9. 専門家にとっての学校と不登校の子どもにとっての学校　54

【注】　55

第2章
浮き彫りにされた不登校の子どもと関連学会の発足 ……… 59

1. 1959 年のわが国で最初の不登校論　59

2. 放縦児：戦前の不登校　61

3. 放縦児と不良児：不登校は大した問題ではない　63

4. 「学校がきらいなら行かなくてもよい」　64

5. 1950 年代後半に絶対的な規範性を帯びた学校制度　66

6. 学校へ行く／行かないをめぐる法的位置付けの不変と社会心情の変化　69

7. 学会−学界の発展と不登校問題の混迷　70

【注】　73

【第1部関連年表】　76

結章 ………………………………………………………………… 78

第2部　本人・家庭原因説の主張と放棄

序章 ………………………………………………………………… 82

【注】　84

第1章
学界における本人・家庭原因説の主張と放棄……85

1. 小泉英二への照準　85
1.1.『児童（青年）精神医学とその近接領域』を用いたスクリーニング　85
1.2. 小泉の変説の典型性、及び専門家としての代表性　86

2. 小泉の本人・家庭原因説の成り立ち　87

3. 小泉は本人・家庭原因説をなぜ放棄したか　88

4. 小泉の非例外性：平井信義との共通　90

5. 小泉の問題点：レトリックと非科学性　92

6. 四日市喘息と不登校問題のアナロジー　93

7. 不登校を公害病とのアナロジーで捉えていた渡辺位　94

【注】　97

第1章補論
なぜ本人・家庭原因説は主張され続けたか……101
―――専門家に内面化された学校教育への親和性

1. 臨床家がクライアントを傷付けていた　101

2. 専門家に内面化されている学校教育への親和性　101

【注】　104

第2章
文部省による本人・家庭原因説の主張と放棄……105
―――社会史的視点からの考察

1. 文部省による本人・家庭原因説の放棄に対する考察の重要性　105

2. 不登校の増加だけが文部省の本人・家庭原因説の放棄の理由か　107

3. 朝倉景樹の先行研究：当事者運動と文部省の変説　109

4. 法務省の動向　110
4.1. 法務省による「不登校児人権実態調査」とその独自性　110

4.2. なぜ法務省の調査は実施されたか　111
　　4.3. 行政当局が明らかにした「教師や学校も不登校の原因」　113

5. 稲村批判と学校不適応対策調査研究協力者会議の発足　114
　　5.1. 1988年の稲村批判　114
　　5.2. 1984年及び1987年の稲村と文部省との深い関わり　115

6. 法務省の調査結果と文部省による本人・家庭原因説の放棄　118

7. ポリティクスとレクイエム　119
【注】　120
【第2部第2章関連年表】　125

結章 ……………………………………………………………………………… 127

第3部　わが国の不登校研究の問題点

序章 ………………………………………………………………………………… 134
【注】　136

第1章
「父性の不在／父親像の弱体化」原因説の盲点 …… 139
──────対照群との比較検討の不在化

1. 高木隆郎の不登校論　139
　　1.1. 「母子関係」から「父性」へ　139
　　1.2. 「父性の不在／父親像の弱体化」が中心的な原因　141
　　1.3. 「父性の不在／父親像の弱体化」原因説の主張　141

2. 高木の原因論への疑問　142
　　2.1. 「父」の問題は不登校に限られていたのか　142
　　2.2. 「父」の問題は一般的な社会現象ではなかったか　143

3. 高木の不登校研究の問題点　144
3.1. 一般的現象ゆえに不登校にも当てはまったのではないか　144
3.2. 方法的問題点：対照群との比較検討の不在化　145

4. 高木の問題点の学界へのフィードバック　146
4.1.『児童 (青年) 精神医学とその近接領域』へのフィードバック　146
4.2. フィードバックの結果：高木の問題点の普遍性　147

5.「正常対照群」とほとんど差のなかった両親の養育態度　148
5.1.「対照群との比較検討」を行った 1986 年の三原ら論文　148
5.2. 三原ら論文への疑問：方法的不備と非論理性　148
5.3.「父性の不在／父親像の弱体化」原因説の不支持　150
【注】151

第2章
「肥大した自己像」原因説の行方 ················· 156
──────英語圏と日本語圏で

1. 鑪幹八郎の不登校論　156
1.1.「母子関係」から「子どもの自己」へ　156
1.2. 自己像や自己意識の病理が中心的な原因　157
1.3. レーベンタールとの「一致」158

2. 1970 年代の英語圏における「肥大した自己像」原因説のフェードアウト　159
2.1.「母子分離不安」原因説から「肥大した自己像」原因説へ　159
2.2. 対照群を用いた「肥大した自己像」原因説の検証　161
2.3.「肥大した自己像」原因説のフェードアウト　161

3. 日本語圏における「肥大した自己像」原因説の君臨：1963 年〜 1990 年　162
3.1. 1966 年の宇津木えつ子による「肥大した自己像」原因説　162
3.2. 鑪−宇津木−村山−玉井−鑪の「肥大した自己像」原因説の主張　164
3.3.「肥大した自己像」原因説の臨床心理学界における君臨　166

4.「肥大した自己像」原因説の日英比較考察　166
4.1. 再び「対照群を用いた検証の不在化」という方法的問題点　166
4.2. その他の問題点　167
4.2.1. 英語文献に対する目配りの甘さ　167
4.2.2. 根拠に基づかないいいかげんな発言を許す風土　168
【注】170

第3章
1980年代の教育学による不登校理解 174
──横湯園子の教育科学研究会賞

1. 教育学と不登校　174
1.1. 教育学による不登校研究　174
1.2. 横湯園子の教育実践と教育科学研究会賞　175

2. 健二の不登校をめぐる横湯の実践報告　176
2.1. 教師による差別の影響が無視できない健二の不登校　176
2.2. 「人格形成の問題」として捉えられ続けた健二の不登校　177

3. 哲也の不登校をめぐる横湯の実践報告　178
3.1. 体罰の影響が無視できない哲也の不登校　178
3.2. 本人の内面の弱さの問題として捉えられていった哲也の不登校　180
3.3. 「学校の問題」には触れぬままの問題解決　181

4. 教育科学研究会による本人・家庭原因説の肯定　182
4.1. 学校の問題か子どもの問題か　182
4.2. 「自我の再構成」という個人化　183
4.3. 評価の理由：「発達と教育」　184
4.4. 「本人の内面の問題」として解決するしかない＝「学校の問題」にならない　185
【注】　186

結章 189

結論 193

引用文献（放送含む）195／本稿関連文献　211

あとがき　212

謝辞　217

索引　220

《凡例》

● 省略は「……」であらわされている。
● 引用文における数字表記は引用先にしたがっている。
● 文献の著者名は、著者が3人までの場合は全て記し、4人以上の場合は「筆頭著者
　名・他」と記している。ただし座談会については全ての著者名を記している。
● 文献については各章（【注】）ごとに改めて示している。

序 論

だが、かつて自閉症家族の特異性を説いたものとの論争あるいは
転向したものの自己批判的検討は全くといってよいほどなされて
いない。そして、このような研究者としての無責任さこそ、……
今なお存在するマスコミなどの自閉症の親に対する非難を容認し
ている一因ともなっている、といわねばならない。1) (傍点山岸)
──小澤勲・1984年

……戦後になってなされた、それまでの教育心理学に対する、一
部の教育心理学者などによる批判の質の問題はないのであろうか。
つまり、日本の軍国主義や精神主義の批判はしても、その矛先が
心理学界内部の特定の個人に対して向けられることはなかったの
である。このような、物事の責任を深く追及しない、徹底を忌む
心を日本人的な美徳として説明してしまってよいのであろうか、
という疑問は依然として残る。2) (傍点山岸)
──山下恒男・1987年

これまでにも文部省・教育委員会をはじめとする教育関係者や、
厚生省や児童福祉関係者が、不登校対策をいろいろと打ち出して
きたにもかかわらず、その増加に歯止めがかからないということ
は、不登校に関する関係者の理解が根本的に誤っているからでは
ないだろうか。3)
──門眞一郎・1995年

1. はじめに

1.1. 問題意識

　従来、不登校の原因をめぐっては「本人の性格や親の養育態度に問題（悪いところ）があるから不登校は起こる」というふうに主張されてきた。このような原因論を、以下では「本人・家庭原因説」と呼ぶことにするが（くわしくは本序論の「5.」の③を参照のこと）、これを主張していたのは主に児童精神医学と臨床心理学の専門家であった。しかしながら、今日に至ってもなお本人・家庭原因説を主張している専門家というのはほとんど見あたらない、と指摘できる。

　本人・家庭原因説は、実は、当時の文部省によっても主張され続けていたものであったが、1990年に放棄される。ここで潮目が変わり、以後、文部省の見解と齟齬の生じた本人・家庭原因説は専門家による主張も手控えられるようになった、と考えるのが妥当であるだろう。

　ちなみに、不登校は、それが文部省の「学校基本調査報告」の対象となった1966年から —— 1970年代前半にかけて一時減少した時期もあったが ——基調として増加を続け、文部省による本人・家庭原因説の放棄以降もその傾向はしばらく続いた。現在は少子化の影響もあり増加傾向にはないが、ともあれ本人・家庭原因説は、支配的言説であり続けたにもかかわらず——例外的な一時期を除き——不登校の増加に歯止めをかけることはできなかった。恐らく、専門家がこぞって主張した本人・家庭原因説というのは、的外れな原因論だったのである。

　問題は、専門家による本人・家庭原因説の主張が、不登校の当事者を傷付けてきたことである。「不登校は本人の性格や親の養育態度に問題（悪いところ）があるから起こる」という主張は、当事者である不登校の子どもや親を道徳的に責めたてる性格を持っている。したがって、それは、当事者に苦痛を与える侵襲性ないし加害性を持つ言説に他ならなかった。本論に

おいても引用するが、例えば不登校の「親の会」を主宰していた当事者の恩田良昭は次のように述べている。

　　一般に不登校児を抱える家庭は、周囲から、子どもを甘やかしてきたから学校へ行けないのだ、子どもの育て方が悪いから学校へ行かないと責めたてられ、子どもに対してもある種の後ろめたさや「学校神話」に毒されていることが多い。親は取り残され孤独感に打ちのめされ、子どもといっしょに死を考えることもある。子どもは第三者から「おまえが行かないから親が苦しむ」と説教され続けることがよくある。4)

　要するに、専門家による本人・家庭原因説の主張は、①不登校問題の改善に貢献することもなく、②不登校の当事者を傷付け続け、③そしてしかし今日では放棄されている、と整理できる。このような問題性を持っていた本人・家庭原因説は、批判的検討に値するものであると考えられる。
　今に至るまで、それが人を傷付けたことに関する責任は取られたようには見えない。児童精神医学や臨床心理学の専門家も、不登校の当事者を故意に傷付けようとして本人・家庭原因説を主張したわけであるまい。しかし、事実として当事者を傷付けてしまったことに違いはなく、その責任はあるのではないかと私は思う。
　果たして、専門家は本当に「不登校は本人の性格や親の養育態度に問題（悪いところ）があるから起こる」という原因論を主張しなければならなかったのか、いいかえればそのような原因論の主張の自制はできなかったのか──この点は、はっきりさせておく必要がある。そして、それこそが本人・家庭原因説をまき散らした「専門家」といわれる人々の、取るべき責任ではないのだろうか。

1.2. 本研究の性質
　以上に述べたように、本研究の問題意識は、一言でいえば、専門家によ

序論　17

る本人・家庭原因説（不登校は本人の性格や親の養育態度に問題（悪いところ）があるから起こるという原因論）の主張の妥当性を問うものである。

専門家による本人・家庭原因説の主張が妥当であったかどうか、を判断するためには、わが国の不登校研究に対する総合的な考察・分析が必要であるだろう。なぜなら、本人・家庭原因説を主張した人々が専門家であったゆえに、その主張もそれなりの不登校研究に基づいて行われたと考えられるからである。

そこで、本研究の本論においては、わが国において不登校研究がどのように生成し、また、いかなる問題点をはらみながら展開されていったのか、を見てゆくことにしたいと考える。つまり、本研究は、「不登校の研究」ではなく「不登校研究及び不登校論の研究」となるのである。

2. 研究の状況

2.1. 全体的状況

私の見るところ、これまで「不登校研究及び不登校論の研究」は活発に行われてきてはいない。これには、もっともな構造的な理由があるように思われる。

述べたように、わが国において不登校研究は主に児童精神医学や臨床心理学の専門家によってになわれてきた。ただ、わが国の場合、これらの学会－学界の歴史はそう古くはないという事情がある。

第1部第2章で見ることでもあるが、日本児童精神医学会（現・日本児童青年精神医学会）の発足が1960年、日本臨床心理学会の発足が1964年（その前身である関西臨床心理学者協会の発足は1962年頃）である。したがって、わが国には、第1世代としてわが国の児童精神医学や臨床心理学の学会の組織化をにない、それゆえ比較的若くして学界の中心人物＝権威となり得た一群の専門家が存在し、彼らの「長期政権」が続くというやや特殊な事情が

18

生じたのであった。

　そしてまた、これらの学会－学界においては、その組織化以来、不登校研究が熱心に行われてきたという経緯がある。つまり、児童精神医学や臨床心理学の学会－学界の中心人物＝権威の多くが、不登校研究を手がけ、不登校論——本人・家庭原因説を中心とした——を公表してきたのである。

　しかし、にもかかわらず、本序論の冒頭で見たように、不登校問題の現実は一向に改善されてはこなかった。結局のところ、学会－学界の中心人物＝権威の不登校研究や不登校論は、その多くが的外れだったわけである。したがって、「不登校研究及び不登校論の研究」に手をつけるとなると、それは必然的に批判的色彩を帯びることになる。それだけでなく、「不登校研究及び不登校論の研究」の遂行は、おのずと学会－学界の中心人物の誰彼に対する批判に行き着いてしまい、結果的に権威に対する反逆となってしまうという構造をもっていた。

　以上のような構造的な問題が、わが国の不登校研究にはひかえていたのだと指摘できる。それゆえに、わが国においては、第2世代以降の専門家による「不登校研究及び不登校論の研究」が自主規制されてきたものと見られる。

2.2. 先行研究展望

　しかし、だからといって、「不登校研究及び不登校論の研究」或いは本人・家庭原因説に対する批判的検討が行われなくていいことには全くならない。そして余り数は多くはないものの、幾つかの先行研究をあげることは可能である。

A）まず、「不登校研究の研究」ということで、児童精神医学の門眞一郎による研究、それから臨床心理学の横田正雄による研究があげられる。

　このうち①門の研究[5]は、予後論ないし転帰論を焦点化したものであり、原因論を焦点化する本研究とはおのずから視点が異なる。しかし、不登校論の精査の必要性やその仕方など、間接的ながら本研究は門の研究から多

序論 ｜ 19

くの示唆を受けている。実のところ私は門の研究に出会って、（不登校その
もの以外に）不登校研究や不登校論というものが十分に研究対象となり得、
さらにそれらは時として批判的に検討される必要もあるのだ、と知ったの
である。門の研究が、1990年代のわが国の不登校研究を代表する研究で
あると思われることもいい添えておきたい。例えば児童精神医学の齊藤万
比古などは、門のこの研究にインスパイアされ自身の学位論文（医学博士）
となる論文をまとめたと記している[6]ほどである。

　一方、②横田の研究[7]は、原因論に特化してはいないものの、原因論を
も包括した不登校論の「批判的検討」であり、本研究と視点や方向性を共
有している。ただ、この研究は残念ながら中断されてしまっている（中断
の理由は不明である）。不登校研究の発祥の地であるアメリカの不登校論か
らその「批判的検討」を出発させた横田であるが、わが国の不登校論に関
しては1960年代半ばまで——専門家でいうと佐藤修策、鷺見たえ子ら（国
立精神衛生研究所（当時）のグループ）、山本由子といった人々——を対象化し
「批判的検討」を行ったにとどまっている。つまり、1960年代半ば以降の
わが国の不登校論の問題点については、論じられていないのである。

　「不登校研究の研究」ということでは、さらに「わが国の不登校研究の歴
史」について考察した研究も関連先行研究といえよう。具体的には、障害
児教育学・臨床心理学の清原浩による研究[8]、及び臨床心理学の伊藤美奈
子による研究[9]である。このうち、③清原の研究は、②の横田の研究を先
行研究として踏まえ、1990年代までのわが国の不登校研究の歴史的展開
を平明に描き出し、かつ若干の考察をほどこした研究である。他方、④伊
藤の研究もほぼ同様の枠組みの研究であり、これは臨床心理学の下山晴彦
によって「日本における不登校研究の歴史については、伊藤美奈子（山岸
注：以下に出典が示されているが省略する）、を参照のこと」[10]と紹介もされて
いる研究である。下山は東京大学大学院教授であり、伊藤の研究には権威
付けもあるといってよいのかもしれないのだが、ただしその内容を精査す
ると、引用先の原典には見当たらない事柄が引用されており（1963年の高

木隆郎の不登校論に関する部分）、いささか信頼性に欠けるものではある。すなわち清原の研究の方が信頼性は高いわけだが、ただし両者に内容的な齟齬は見られないのであり、それゆえにわが国の代表的な不登校研究（者）を特定する際など、重要な指標にできると考えられる。

B）次に、「不登校論の研究」ということで、教育社会学の樋田大二郎による研究、それから教育社会学・都市社会学の朝倉景樹による研究があげられる。

　⑤樋田の研究[11]は、諸不登校言説の相対化を試みたものである。樋田によれば、各種の不登校言説が結局はすべて相対化され得るという。本人・家庭原因説の支配的言説化によって当事者が傷付けられるということは、従来「不登校論の相対化」という視点が余りにも希薄であったために生じたと考えることができる。その意味で樋田の研究は重要で価値あるものと考える。ただ一方で、精神医学の石川憲彦が「ヨットスクール主宰者の戸塚宏と精神科医の稲村博の言っていることはそっくりだ」というふうに述べている[12]のに対して、樋田が両者を明確に差別化しているという指摘は行っておく。

　⑥朝倉の研究[13]は、不登校論の変化を――原因論に照準したものではないが――構築主義の視点に立って分析し、文部省による本人・家庭原因説の放棄（がなぜ生じたか）について貴重な示唆を与えてくれるものである。とりわけ、文部省による本人・家庭原因説の放棄が社会（史）的なものであることを示した点で示唆的であると思われる。朝倉の研究が全体に不登校の子どもの側に立ったものであることもいい添えておきたいと思う。

C）さらに、「不登校論の批判研究」として、臨床心理学の渡部淳による研究、及び臨床心理学の西村秀明による研究があげられる。⑦渡部の研究[14]は、自身の病院臨床経験と学校教育の観察に基づいたものであり、一方⑧西村の研究[15]は、或る不登校事例（自験例がどうかは不明）の読み直しに基づいたものである。このように方法的には違いがあるのだが、しかしながら両者は一致して、不登校の発現が従来学校や教師との関係で論じられて

こなかった点を問題視し、本人・家庭原因説の不十分性を示している。

D）さらに、児童精神医学や臨床心理学があつかうテーマに関する「批判研究」ということで、⑨精神医学の小澤勲による一連の自閉症研究（論）批判──『反精神医学への道標』、『幼児自閉症論の再検討』、『自閉症とは何か』16) があげられる。自閉症も不登校に似て、児童精神医学や臨床心理学による数々の研究が重ねられながら、結局、当事者に対する十分な利益がもたらされていないテーマである。そこに食い込んでいった小澤の研究は、批判研究の必要性や正当性や存在意義を、身をもって示してくれている。最後の『自閉症とは何か』は名著といわれながら17) 絶版になって久しく、国会図書館にも蔵書がないため長らく「幻の書」と化していたが、2007年8月、約四半世紀ぶりに発行所を変えて復刊が果たされた。このできごとは、児童精神医学や臨床心理学に対する社会的点検の必要性の1つのあらわれとも受け取れるのではないだろうか。

E）また、学問に対する「批判研究」ということで、⑩教育心理学の波多野誼余夫と教育心理学の山下恒男による教育心理学を対象化した編著書『教育心理学の社会史──あの戦争をはさんで』18) があげられる。この中には、⑪臨床心理学の篠原睦治による特殊教育学の三木安正を対象化した批判研究19) が収められているが、篠原のこのメタ理論的な研究は、研究者を対象とした事例研究と見ることができるものであり、批判研究の仕方＝方法の1つに事例研究があるということを示してくれている。

F）最後にもう1つ、⑫臨床心理学の佐藤修策による研究──というか彼の振り返りをあげておきたい。佐藤は、1959年にわが国で最初の不登校論の1つをあらわした専門家であり、彼は以後しばらく、本人・家庭原因説の立場に立脚していた。しかし、後には次のように述べている。

　　　私たち（山岸注：これは臨床心理学の黒田健次との連名の文章である）も昭和五十年代の初め頃までは、登校拒否は情緒障害で、主に家庭の中にその原因があるので、子どもと親の治療的対応をすることが必要であ

ると考えてきました。……その後、子どもとの出会いを重ねたり、元気になった子どもが私たちを訪問してきたときに、感想や報告をきいていくと、登校拒否は病気や心の異常ではなく、子どもが大きくなっていく過程で起きた、一種の挫折体験であると思い始めました。[20]

　佐藤のこの文章は、自己批判を予感させる。すなわち、その文章には続けて、佐藤という専門家が、なぜ「昭和五十年代の初め頃までは、登校拒否は情緒障害で、主に家庭の中にその原因があるので、子どもと親の治療的対応をすることが必要であると考えて」しまっていたのか、が分析・説明されてあってよい気がするのである。もしそれがあれば本研究にとっても貴重な先行研究となったはずであるが、残念ながらそうはなっていない。
　もっと残念なことに、佐藤の述べていることは一部虚偽なのである。佐藤が本人・家庭原因説（登校拒否は情緒障害で、主に家庭の中にその原因がある）に立脚していたのは、実は「昭和五十年代の初め頃まで」などではない。
　佐藤は、1985年に「登校拒否症の心理臨床的研究」[21] という博士論文によって広島大学から教育学の博士号を取得しているのだが、これは本人・家庭原因説を主張したものに他ならなかった。例えば「第9章　研究のまとめ」には、「登校拒否症は発症学年の推定からすると、児童生徒の適応における内的変化を土台に、主として個体的、家族的要因が背景となって発症すると考えられ、登校拒否中にみられる色々の特異反応は2次的反応である。／本研究では、登校拒否症は母または家族からの分離−個体化の過程の障害であって、これには母−子−父の3極的な家族関係が深くかかわっている。特に、母−子間の過保護的関係の長期の持続が分離−個体化の障害の主要因になっていると考えられた」[22] などといった論述が見られる。
　このように、佐藤は少なくとも1985年までは、本人・家庭原因説を主張していたのである。佐藤の博士論文「登校拒否症の心理臨床的研究」は、むしろ1980年代半ばまで本人・家庭原因説が学術的に認められていたことの、しるしなのである。

序論　23

2.3. 研究状況のまとめ

　以上の先行研究の展望は次のようにまとめられる。

①門や横田の研究は、部分的なものながら「不登校研究及び不登校論の研究」に取り組んでいる。したがって、「不登校研究及び不登校論の研究」というものは、これから深められるべき領域として位置付いていると考えられる。

②「わが国の不登校研究の歴史」を描出した清原及び伊藤の研究に見られる齟齬のなさ、すなわち一致から、両研究を指標——例えばわが国の代表的な不登校研究（者）を特定する際などの——に用いることができると考えられる。

③本人・家庭原因説を批判しつつ不登校の原因を学校・教師に見出そうとしていた渡部や西村の研究は示唆的であり、本研究が予定する本人・家庭原因説の批判的検討という方向性には支持があると考えられる。

④小澤の研究も示唆的である。述べたように、不登校がそうであるように、当事者にとっての自閉症もまた、研究が重ねられてきたにもかかわらず、はかばかしい改善が見られない問題である。それゆえに小澤の研究は、従来の自閉症研究及び自閉症論に関する批判研究というかたちにならざるを得なかったのだと思われる。アナロジーの観点から考えれば不登校問題の領域においても、本研究のような、従来の不登校研究及び不登校論に関する批判研究があらわれるのは1つの必然といえよう。自閉症問題にも不登校問題にも、未来のために過去への批判が避けて通れないという状況が存在していると考えられる。

⑤ところで、その小澤の研究の中では、具体的な（個人を名指しした）専門家批判も行われている。誰がどのような学説を主張したのかを踏まえた議論を行わなければ、実証的な研究にはならないのであるから当然である。本研究においても具体的な専門家批判は行わざるを得ない。その際は、篠原によるメタ理論的な事例研究が参考になる。ただし、それは「批判のための批判」ではなく、あくまでも「生産のための批判」である、というこ

とを確認しておきたい。私が願っているのは——恐らく小澤もそうであったように——過去の研究でおかされた誤り等が明らかにされ、そのことを参考にして、この先、生産的な研究が不登校に関して行われてゆくことなのである。

3. 課題と構成

　本研究では具体的には次の3つの課題を設定する。
①第1に、わが国における不登校研究の生成について考察する。一般に、わが国の不登校研究は1960年前後に始まったとされている。しかし、それ以前の事情——例えばそもそも今日いうところの不登校の子ども自体がそれまで存在しなかったのか、とか、或いはもし存在していたとして彼らがどのように捉えられ処遇されていたのか、などの事情を整理した研究は見あたらない。本研究によって道をつくっておきたいと考える。
②第2に、わが国における本人・家庭原因説の主張と放棄について考察する。不登校研究が生成して以来、多くの専門家が本人・家庭原因説を主張してきた。それゆえ不登校研究の学界においては、本人・家庭原因説こそが支配的言説であり続けた。また当時の文部省が、そのようにいい続けていたということもあった。しかし、今日そのような主張はほとんど見られない。要するに、本人・家庭原因説は学界においても文部省によっても放棄されたのである。しかし、なぜこのようなことが生じたのか、専門家に光を当てて考察した研究は見あたらない。本研究で試みたいと考えた次第である。一方、文部省については朝倉による先行研究があるで、これを批判的に継承し議論を深めたいと考える。
③第3に、本人・家庭原因説の根拠となった不登校研究に内在していたであろう問題点の剔抉を試みる。本人・家庭原因説は、従来の主張主体による同説の放棄を通じて、正当性を有していなかったことが証し立てられて

いる、といえよう。端的にいえば、全ての不登校を本人・家庭原因説に帰することは誤りだったのである。この誤りは、そもそも本人・家庭原因説の根拠となった不登校研究に、方法的その他の何らかの問題点が含まれていたために生じたのではないかと考えられる。このような研究関心は横田の研究に見られるものであったが、彼はわが国の不登校研究については1960年代半ばまでしか検討していない。それゆえ継承的スタンスで本研究をすすめてゆきたいと考えるのであるが、しかし主要な不登校論を1つ1つ批判的に読解してゆく横田の方法は工夫しなくてはならないだろう。なぜなら、1960年代半ば以降、不登校論は量的に飛躍的にあらわされるようになるからである。

　記したように、本研究の主要な問題意識は、専門家による本人・家庭原因説の主張が妥当であったのかどうか、を問うものであるが、以上の3つの課題の考察を通じて、この問いに対する判断を行いたいと考える。

　なお、以上の3つの課題にそくして、本研究の本論は3部構成となる。

4. 対象と方法

　記したように、本研究は、「不登校の研究」ではなく、「不登校研究及び不登校論の研究」である。したがって、本研究の研究対象は、基本的には、不登校の当事者ではなく、不登校の専門家となる。より直接的には、不登校の専門家の手になる不登校論を中心とした文字資料を研究対象とする。

　これは情報の透明性という観点に基づいている。本研究は、述べたように批判的色彩を持つものであるが、人を批判するからには根拠に基づいていなければならない。そうでなければ誹謗中傷の類となってしまいかねないだろう。

　ただ一方には、このように研究対象を文字資料に限定することの積極的理由もある。それは、本研究に対する追加検証・再現検証が可能になると

いうメリットである。すなわち、本研究は、私の議論や主張に不満を持つ人の反論や、さらには第三者によるチェックにも十分な道が開かれているようになっている。これは当然といえば当然のことだが、しかし、本研究において対象化される不登校研究の世界においては、この透明性の問題はほとんど考慮されていない。

不登校研究の世界というのは、追加検証・再現検証がしばしば不可能な世界なのであり、例えば或る専門家が「症例Aの不登校児は神経質で自己中心的である」とその不登校論に記せば、それがたとえ10人に1人しかしない見方であっても事実そのものになってしまう、という世界である。だが、これはやはり好ましいことではないだろう。

なお、本研究が研究対象化する期間については、主に1950年代から1990年前後まで、となる。これは、わが国に不登校研究が生成された前後の時期から、文部省による本人・家庭原因説の放棄によって不登校研究の学界における本人・家庭原因説の放棄もまた決定的になった時期まで、に対応したものである。

研究の方法であるが、これは研究対象が文字資料に限定されていることから、おのずと文献レビュー法ということになる。取り立てて「〜主義アプローチ」が用いられるということはない。「〜主義アプローチ」という方法論にのっとることによって物事の意外な一面がえぐり出されることがあり、そのような研究に魅力を感じるのはもちろんのことであるが、私の考えた限りでは、この「不登校研究及び不登校論の研究」にフィットする「〜主義アプローチ」は思いつかなかった。

ただし、「2.3.」で述べるように、本研究においては具体的な専門家批判が予想される。その際は、「2.2.」で言及する篠原の研究が参考になる。要するに、本研究では部分的に事例研究という方法が用いられることが想定される。

5. 用語について

　本研究で用いるいくつかの用語について、その定義を行っておこう。
①本研究でいう「不登校」であるが、これは、「何らかの心理的、情緒的、身体的、あるいは社会的要因・背景により、子どもが法律で定めた学校に行かない、あるいは行きたくても行けない状態にあること。ただし、傷病や経済的な理由や親の学校教育に対する無理解等によるものを除く。また明らかな怠学も除く」と定義される。これは、文部省の学校不適応対策調査研究協力者会議による定義[23] におおむねそくしたものである。

　なお、本研究においては、「学校恐怖症」、「登校拒否」、「不登校」は、一般に歴史的に同一の対象を指示してきたとの認識のもと、シノニムとしてあつかわれている。また、表記に関しては、地の文では「不登校」を用い、引用文では引用先の表記にしたがうこととする。
②本研究でいう「不登校の専門家」であるが、これは、「その人なりの調査研究に基づいて不登校に関する言説を主張した何らかの専門性を持つ人」と定義される。
③本研究でいう「本人・家庭原因説」であるが、これは、「不登校発現の主要な原因を、本人の性格と親の養育態度のどちらか、ないし両方に求め、それ以外（例えば学校教育の在り方や教師の言動など）には積極的に求めない考え方」と定義される。なお、この「本人・家族原因説」については、その具体例を【本人・家庭原因説の具体例】として、本序論の末尾に例示しておくことにする。
④本研究では、「精神医学の誰々」と「児童精神医学の誰々」というふうにいい分けてゆくが、「児童」が付くか付かないかは本質にかかわる問題ではない。例えば小児病院や子ども病院の精神科の医師は、児童精神科医といった方がふさわしいはずであり、本研究では私の知る限りで、そういう基本的に成人は診ない立場にある医師たちだけは「児童精神医学の誰々」と

いい分けてゆくこととする。ただし、例えば子ども病院や小児病院で精神科医療をやっていた医師が、開業して成人も診るようになっていったケースも見られ、その場合は「児童」は外してある。そういう意味で「児童」が付くか付かないかは目安程度のものと考えていただきたい。

【注】

1) 小澤勲『自閉症とは何か』pp135-136、洋泉社、2007年：原著1984年。

2) 山下恒男「序論」波多野誼余夫・山下恒男（編）『教育心理学の社会史——あの戦争をはさんで』p5、有斐閣、1987年。

3) 門眞一郎「不登校の精神生理学」『こころの科学』通巻第62号、p98、日本評論社、1995年。

4) 恩田良昭「親からみたわが子の不登校」『こころの科学』通巻第51号、p45、日本評論社、1993年。

5) 門眞一郎「登校拒否の転帰——追跡調査の批判的検討」『児童青年精神医学とその近接領域』第35巻、pp297-307、1994年；門眞一郎「不登校の予後調査と議論のまとめ」『発達』第69号、pp31-40、ミネルヴァ書房、1997年；門眞一郎「『どうなるの？』を考える（予後論）」門眞一郎・高岡健・滝川一廣『不登校を解く』pp168-199、ミネルヴァ書房、1998年。

6) 齊藤万比古『不登校の児童・思春期精神医学』p130、金剛出版、2006年。

7) 横田正雄「登校拒否論の批判的検討〈その1〉——母子分離不安論の登場まで」『臨床心理学研究』第27巻第2号、pp56-61、1989年；横田正雄「登校拒否論の批判的検討〈その2〉——登校拒否の社会的広がりに至るまで」『臨床心理学研究』第27巻第3号、pp2-8、1990年；横田正雄「登校拒否論の批判的検討〈その3〉——分離不安論の新たな展開とその反作用」『臨床心理学研究』第28巻第1号、pp2-11、1990年；横田正雄「登校拒否論の批判的検討〈その4〉——分離不安論から自己像脅威論へ」『臨床心理学研究』第28巻第3号、pp2-10、1991年；横田正雄「登校拒否論の批判的検討〈その5〉——日本に登校拒否が現れた頃の社会状況と初期の登校拒否論」『臨床心理学研究』第30巻第1号、pp11-19、1992年；横田正雄「登校拒否論の批判的検討〈その6〉——イギリスでの登校拒否の多発という現象を踏まえて」『臨床心理学研究』第31巻第3号、pp30-39、1994年。

8) 清原浩「不登校・登校拒否に関する研究の系譜——概念規定をめぐる歴史的展開を中心に」『障害者問題研究』通巻第69号、pp4-12、1992年。

9) 伊藤美奈子「学童期・思春期：不登校」下山晴彦・丹野義彦（編）『発達臨床心理学（講座・臨床心理学5）』pp113-131、東京大学出版会、2001年。

10) 下山晴彦「非社会性」子安増生・二宮克美（編）『発達心理学——キーワードコレクション』p178、新曜社、2004年。

11) 樋田大二郎「『不登校を克服することで一段と成長する』——登校の正当性をめぐる言論のたたかい」今津孝次郎・樋田大二郎（編）『教育言説をどう読むか——教育を語ることばのしくみとはたらき』pp185-206、新曜社、1997年。

12) 石川憲彦「治療機関からわが子を守る実用的知識」石川憲彦・他（編）『わが子をどう守るか——不登校・虐待・治療・いじめ・教育・法律』p134、学苑社、1994年。

13) 朝倉景樹『登校拒否のエスノグラフィー』pp47-81、彩流社、1995年。

14) 渡部淳「『登校拒否』概念の見直しを」『臨床心理学研究』第23巻第2号、pp44-52、1985年。

15) 西村秀明「不登校への誤解と今日的理解」久保武・西村秀明『不登校の再検討』pp85-144、教育史料出版会、1993年。

16) 小澤勲『反精神医学への道標』めるくまーる社、1974年；小澤勲『幼児自閉症論の再検討』ルガール社、1978年；小澤勲前掲『自閉症とは何か』。

17) 例えば、高岡健「自閉症スペクトラム入門」高岡健・岡村達也（編）『自閉症スペクトラム——浅草事件の検証・自閉症と裁判（メンタルヘルス・ライブラリー⑭）』p16、批評社、2005年；岡村達也「あとがき——解題とBOOKガイド」高岡健・岡村達也（編）前掲『自閉症スペクトラム——浅草事件の検証・自閉症と裁判（メンタルヘルス・ライブラリー⑭）』pp177-178。

18) 波多野誼余夫・山下恒男（編）前掲『教育心理学の社会史——あの戦争をはさんで』。

19) 篠原睦治「三木安正氏の思想と仕事——戦時・戦後の教育心理学と『精薄』教育」波多野誼余夫・山下恒男（編）前掲『教育心理学の社会史——あの戦争をはさんで』pp252-278。

20) 佐藤修策・黒田健次『あらためて登校拒否への教育的支援を考える（再版）』p iii、北大路書房、1998年。

21) 佐藤修策「登校拒否症の心理臨床的研究」（博士論文・広島大学・乙第1327号）、1985年。

22) 同前、p426。

23) 文部省学校不適応対策調査研究協力者会議「登校拒否（不登校）問題について――児童生徒の『心の居場所』づくりを目指して」1992年3月13日。この文献は、『学校経営――今、登校拒否問題を考える』第37巻第6号（5月号臨時増刊）、pp45-109、第一法規、1992年、に収録されている。その場合は、p53を参照のこと。

【本人・家庭原因説の具体例】
　以下に本人・家庭原因説の具体例を示す。①比較的著名な大学人があらわし、②一般の人の目に触れる媒体（市販の単行本、新聞など）に掲載されたものを中心に、最後のものを除いて公表年順に並べてある。これらを見れば、1960年代後半から1980年代後半まで、ほぼ絶え間なく――そして例外的とはいえ今世紀に入ってもまだ――当事者が専門家によってパブリックな場で傷付けられていた、という事実が浮かびあがってくるのではないかと思われる。

　なお、本人・家庭原因説にはいくつかのいわば「下位分類」がある。本論では、「父性の不在／父親像の弱体化」原因説というのと、「肥大した自己像」原因説というのを取り上げることになるので、特にこの2つのタイプについては注意をうながしておく。

(1) 佐藤修策『登校拒否児』国土社、1968年6月。
　学校恐怖症の発生について家庭の占める役割は大きい。(p46)
　学校恐怖症の遺伝的負因についてクラインがいうほどでないにしても、その存在を否定することはできない。特に後述するように、治療効果の善し悪しと遺伝的負因の存否との間には、かなり深い関係があるように思われる。(p49)
　学校恐怖症の発生に関して父母の果たす役割は大きく、父として、母として、また夫として、妻として、彼らがもつ性格とその相互関係をぬきにして学校恐怖症は語れないほどである。(p49)
　母には社会性の問題もあるが、それよりも神経症的なパーソナリティをもつものが多い。すなわち、情緒的に不安定で、心配性で、緊張しやすく、未成熟な傾向を持つ。(p.51)
　学校恐怖症児の父親像を一言でいうならば、多くの人が指摘しているように、家庭に置ける権威的存在者の欠如であり、これは具体的には子どもにとっては、父親との同一化の失敗をもたらしている。(p66)

(2) 古沢頼雄「児童の臨床心理——問題行動とその治療」依田新・東洋（編）『児童心理学』新曜社、1970年9月。

　最近かなり増加しているといわれている登校拒否（school refusal）または、学校恐怖症（school phobia）もこのような人格上の問題としてとらえることができよう。

　自我発達の未成熟のために起こる子ども自身の不安が身体症状という隠れみのによって、行動を合理化させ、さらには、周囲の批判に対してもっぱら攻撃的反応を起こし、さらに長期化する場合には、周囲から自分だけの世界に逃避し、遮断してしまうというような経過をとっていく。（pp216-227）

(3) 村山正治『登校拒否児（講座情緒障害児第4巻）』黎明書房、1972年11月。

　ある母親が自分の子どもを形容するのに「誇り高き男」といみじくもよんだように、年齢をとわずすべてのケースの特徴は、過大な、傷つきやすい自己像を抱いていることである。……現実の学校生活の場面ではかれらがいつでも"優秀である"とはかぎらない現実をたびたびフィードバックしてくれるにもかかわらず、自己像は（山岸注：レッキーやロジャーズにしたがえば一貫性を持つものだから）維持されねばならない。現実から逃げ出さざるをえない。学校へ行けなくなるのはそうした結果であるとみられる。（pp145-146）

【山岸注：「肥大した自己像」原因説である。】

(4) 平井信義「児童の情緒障害の予防」星野命・託摩武俊（編）『臨床心理学』新曜社、1972年4月。

　登校拒否の原因は、自我の未成熟にある。すなわち、自我の発達が年齢以下の段階にとどまっている。（p209）

　……登校拒否の予防には、主体的自我と客体的自我とを交互に発達させるために、両親の養育態度について指導する必要がある。（p211）

(5) 柚木馥「問題行動の臨床と教育」柚木馥・鈴木克明・清水貞夫（編）『教育臨床心理学』田研出版、1976年7月。

　一口に、登校拒否症と、子どもが学校へいやがって通わなくなる現象をいっているが、その症状や原因はさまざまである。……

　これらの子どものしめす一般的特徴として、以下の諸点があげられている。

　①子どものパーソナリティは内気、小心、内弁けいの傾向をしめす。

②自己中心的で、未熟、未発達の傾向がある。
③欲求不満耐性が弱く、低い。
④父－子関係が冷たい。父はおおむね非活動的。
⑤母子分離不安がある。彼らは相互依存性がきわめて強い。

登校拒否症も、子どもの素質と今までの長年に及ぶ生活環境との相互交渉過程で、しだいに形成されてきたものであるから、……（p127）

(6) 河合隼雄「父親喪失」『朝日新聞（夕刊）』1976年9月13日。

最近、学校へ行けない子の問題が急増している。……このような症状の背後にはさまざまの原因があるが、その中核としては、現代日本における父親喪失の問題が存在している。雨が降ろうが風が吹こうが学校へは絶対に行くべきだという、厳しい父性像が欠落し、すべてに甘くなっているのである。

……子供に対してなすべきことを命令する父親像は、わが国において全く弱体化している。これに反して、どんな子供も一様に甘えさせる母性は、あまりにも強すぎる。学校へ行けぬ子は母のひざから離れられない子のように、自立できないでいるのだ。
【山岸注：「父性の不在／父親像の弱体化」原因説である。】

(7) 依田明『家族関係の心理』有斐閣・有斐閣新書、1978年10月。

また、無力な父親は子どもの問題行動の原因となるという研究もいくつかある。たとえば、臨床心理学の玉井収介たちは最近はやりの登校拒否、もしくは学校恐怖症の事例研究から登校拒否児を三つのグループに分けている。そのひとつに、「父親との同一視に失敗した群」がある。……

　　……

A君の身近には、成熟した男性がいない。おとなの男性の行動を観察する機会もないし、同一視の対象もない。A君は、おとなになるということを理解できなかったし、男性のおとなとしてどのように行動してよいかもわからなかった。そして、しだいに成長する意欲を失っていたものと思われる。成長する意欲を失った結果が、登校拒否という症状となってあらわれたのである。（pp119-121）
【山岸注：「父性の不在／父親像の弱体化」原因説である。】

(8) 小泉英二「学校嫌いの子どもの理解」上出弘之・伊藤隆二編『学校ぎらいの子ども（治療教育講座5）』福村出版、1980年4月。

序論 33

臨床経験をもたない評論家やジャーナリストは、現代の教育制度や学校教育の欠陥を原因として指摘する。たとえば、受験戦争の圧力、知育偏重の教育、盛り込み過ぎの教育課程、個性や個人差を無視した画一教育、管理主義、切捨て主義の教育等々が、学校ぎらいや落ちこぼれを生む原因ではないかという。しかし、これらは前述の社会的要因と同じように、現代のさまざまな教育公害を生む基底的要因ではあっても、直接的に学校ぎらいや登校拒否を生む原因というのには無理がある。なぜならば、怠学の場合は別として、狭義の登校拒否のケースは、知的能力も成績も中ないし上位の子に多く、学力の面でついていけないために学校をいやがるわけではないからである。

　また、学校ぎらいの出現率からいっても、小学校で一万人に二〜三人、中学校で一、〇〇〇人に二〜三人の割であっては、現代の学校教育のもつ本質的欠陥や問題の直接的結果とはいいにくいだろう。学校要因は、誘因（ひきがねとなるもの）となっても、真因ではなく、真因は個々のケースの親子関係や、本人のパーソナリティにあると考えるのが私の立場である。(pp26-27)

(9) 氏原寛『心理臨床の実際——続・カウンセラーを志す人のために』創元社、1980年5月。

　……良い悪いは別にして、タテマエとは裏腹の競争的な学校場面では、いやおうなしにお互いの優劣が表面化せざるをえない……。……子どもたちは、好むと好まざるにかかわらず、自分の限界なり劣等性に気づかざるをえない。……自分の劣等性にたじろいでそれをうけ入れることのできぬ場合、子どもたちは客観的な比較の場面である学校から逃れ、かつての比較のない状態に逃げ帰る、または閉じこもろうとする、それが登校拒否なのである。(p130)

【山岸注：「肥大した自己像」原因説である。】

(10) 東山紘久・東山弘子「遊戯療法」上里一郎（編）『心理療法入門』福村出版、1980年8月。

　美意子は、いわゆる登校拒否児といわれる子どもである。彼女は、母親が好きだが、母親からは嫌われていると感じている。彼女の母親が彼女を実際に嫌っているかというと、そうではない。しかし、母親から愛されていないという彼女の思いも真実である。ここに母子関係の複雑さと陥穽がある。母から愛されていないと感じている子どもは、精神的に弱い。対人関係もうまくいかない。学校は煉獄である。(p114)

(11) 小田晋『エディプスのいない家』朝日出版社、1980年11月。

　登校拒否や家庭内暴力が生じやすい家庭というものは、どのようなものかというと、いわゆる現代的核家族で、父親の権威が喪失しているような家庭であるというのが一般的な図式です。これは登校拒否児や家庭内暴行児の親たちに面接してみたカウンセラーたちが経験的に気がついたことです。

　　……

　どうしてこのような家庭で登校拒否児を生み出すのかというと、こういう家庭の場合、子どもが父親同一化をして社会化するという過程を通ることができないからなのです (p25)

【山岸注：「父性の不在／父親像の弱体化」原因説である。】

(12) 有田とも子「登校拒否」小川捷之(編)『臨床心理用語事典2　診断・症状・治療篇 (現代のエスプリ別冊)』至文堂、1981年5月。

　登校拒否の症状は、学年や学期の始め、先生や友人とのトラブル、両親とのいさかい、病後などを契機として発生することが多い。これらは、登校拒否のひきがね (誘因) になっても、根本的な原因ではない。真因は本人の性格特徴、親の養育態度、親子関係にあると考えられる。

　　……家庭内における父親と母親の役割が混乱し、心理的に父親不在の家庭に登校拒否発生の危険が高まっている。(p287)

(13) 玉井収介『自閉症』講談社・講談社現代新書、1983年7月。

　「優等生の息切れ」というケースでは、本人はかなり優秀である。勉強もよくできるし、学級委員などに選ばれれば一生懸命努める。親も教師も期待をかけるし、本人もその希望に沿うよう努力する。そうしているうちに、子どもの中に、優秀でなければならない、といった気持ちが生じてくる。肥大した自我像というか、理想像とでもいうものだろう。

　本人の努力と家庭教師の助けなどによって、その理想と現実がマッチしている間はよい。しかし学年がすすみ、学習することがむずかしくなってくると、この理想と現実の間にギャップが生じてくる。そして、挫折し、登校できなくなる。(pp42-43)

【山岸注：「肥大した自己像」原因説である。】

(14) 高木隆郎『児童精神科のお話』合同出版、1985年2月。

序論 | 35

ところで、患児たちに毎日のように接していますと、子供自身よりも付き添いの親にかなり共通点があることに気づくようになりました。……とくに診察室で前面に出て訴える母親の態度が特徴的でした。……

　……たまに両親で来院したときは、父親は部屋の隅で固くなっていてほとんど無言で、母親だけが面接者と対峙して訴え続けるといった状況でした。

　　　「父親不在の例が多い」（山岸注：小見出し）

　カルテを調べてみますと、父親のいないケースが意外と多いようです。……そういう視点でみますと、現実には父親が家庭にいる例でも、父親自身が神経症者で自分の不安の処理にいっぱいで、家庭の支柱となり得ないとか、あるいはパーソナリティの問題として、非常に内気、弱気、非社会的で、隣近所はもちろん社会的にも父親の役割を果たせていないような家庭が多いことが分かってきました。存在感がないといういい方もあります。

　要するに、支配的な母親と従属的な父親をもった子供が多いのです。(pp124-126)
【山岸注：「父性の不在／父親像の弱体化」原因説である。】

(15) 佐々木正美「『学校ぎらい』について（しおり）」中石孝『学校ぎらい　硝子の少女』芸立出版、1985年3月。

　中石さんの「学校ぎらい」には、登校拒否の典型が、実に生き生きと描かれている。毎週児童精神科のクリニックで、このような青少年に何人も会っている私には、見事な症例報告に接しているような錯覚にとらわれる感じであった。しかもこの「症例報告」には、原因としての家族内の背景因子が、作品に消化（山岸注：「消化」原文ママ）されて、正確に紹介されている。

　地域社会の近隣とはまったくかかわり合いのない家庭の中で、息子と共生関係のようになって、息子の東大入学を熱望する母親や、息子が家庭で混乱を示している最中にも、平静に勤め先の会議に出かけて行く銀行員の父親の姿が、象徴的に、平易な文章で淡々と描写されている。

　著者は、この親子のカウンセリング（治療）に当たる心理学者の言葉で、三人とも他人の話をまったく聞こうとしない自己中心的な本質を指摘させている一方で、息子のナイター見物にも、担任教師の同意を得ないと安心して出せないほど自主性のない不安な母親を描いているが、こういった精神心理のコントラストは、登校拒否児の親にしばしば共通して見出されるものである。
【山岸注：『学校ぎらい　硝子の少女』は小説集であり、著者の中石は都立高校の教師

であった人である。なお、「学校ぎらい」の初出は『新潮』第71巻第4号（4月号）、1974年。】

(16) 上野千鶴子『マザコン少年の末路』河合出版、1986年5月。

　登校拒否というのは、親の期待の重圧に耐えかねて、子どもがさまざまな心身症、おなかが痛いとか頭痛がするとかいう心身症を引き起こすことによって現実から一時避難するんですね。病人ならば大手をふって退行できるんです。一時退行できる。自閉症の子と登校拒否の子を比べると、自閉症は二、三歳のころですが、登校拒否は小学生ぐらいからです。

　なぜかというと、登校拒否の子たちっていうのは、自分のこの退行が一時的なものに過ぎない、一時的な緊急避難に過ぎないということを知っている程度にはオトナなんです。永続的には避難できない。永続的に避難しようと思った子はどうなるかというと小児分裂症になります。(p57)

【山岸注：「自閉症」、「小児分裂病」に関する原因論にも問題があるだろう。ちなみに、この記述は、後に或る自閉症の「親の会」からクレームが出されて問題化した。そのことは、河合文化研究所（編）『上野千鶴子著『マザコン少年の末路』の記述をめぐって』河合出版、1994年、にくわしい。なお上野は社会学者である。】

(17) 堀内聰「心のかたより」詫摩武俊（編）『基礎青年心理学（基礎心理学講座Ⅳ）』八千代出版、1988年3月。

　臨床経験のない評論家やジャーナリストは、登校拒否の原因を現代の教育制度や学校教育の欠陥、例えば受験戦争の圧力、知育偏重の教育、盛り込み過ぎの教育過程（山岸注「過程」原文ママ）、個性や個人差を無視した画一化教育、管理主義、切り捨て主義の教育等々ではないかと指摘している。しかし、これらの学校要因は、誘因とはなっても登校拒否の真因である場合はきわめて少ない。真因は個々のケースの親子関係や、本人のパーソナリティにあると考えられる。(p185)

(18) 加藤実「社会生活とメンタルヘルス」市川典義・佐竹宣夫（編）『社会生活の心理学』福村出版、1989年5月。

　第1のタイプは人格未熟で母子分離が困難で、他集団へ積極的にとけ込むことができず、登校をしぶるタイプと考えられている。幼稚園児のような未熟な人格に特徴がある。……

序論　37

第2のタイプは年齢的には中学生、高校生に多くみられるもので、生活態度のよい優等生であった子どもが何かのはずみで急に登校できなくなってしまうものである。思春期の自我の未熟とあわせて不適応の型をとるもので、真の自我を形成するためのプロセスと考え周囲の温かい理解ある接触が求められる。

　第3のタイプは幼児期に発生し、真の解決を得ず慢性的に登校拒否を繰り返すもので、本質的には自我の未熟が改善されず現象的に一進一退を繰り返すものである。

　以上のように3つのタイプをみることができるが、現象的にみた場合、神経質傾向、非協調性、内向性の特徴を有し対等な人間関係がもてない状態が多い。(p235)

(19) 南伸坊「詫摩武俊先生　青年心理学」『笑う大学』筑摩書房・ちくま文庫、1993年1月：原著1987年5月。

　⑪親たちは、突然の急激な変わりようを見て（山岸注：不登校になった）子供が発狂したのではと疑うわけです。

　⑫奥さんは「うちの家系には、ソ─ユ─人はいない、これはあなたの家系に問題があるのだ」てなことを言いますから、夫婦ゲンカとなり、家庭内が暗くなります。

　⑫そんなわけでお父さんは家に寄りつかなくなり、外に女の人を作ってしまう。ついには家庭が崩壊してしまったりするわけです。

　（このあたりの、状況描写は、まるで近頃のテレビドラマを見るようで、先生のタンタンとした語り口が流暢なだけに奇妙にユーモラスであります）。

　……

　⑮部屋の中は乱雑をきわめて、フロに入ることをいやがり、下着をかえませんから、非常に不潔になる。床屋さんにも参りません。食べるだけ食べて、ゴロゴロしているわけで、当然太って小錦のようになってしまう。

　まァ、こういったような具合であるらしいんですが、それでは、こうなる以前に本人はどんな子供であったかのか？　といいますと、

　……

　②ケンカというものをしたことがない、自己主張をしないので、友人関係が希薄で、親しい友人というのがいない。(傍点原文)(pp60-62)

【山岸注：これは東京都立大学（当時）で行われた講義の一コマだが、「将来教職につこうという希望の人たちが多い」講義であったという。しかし、父親が子どもの不登校をきっかけに愛人を作る、という話を一般化しているのは余りに不適切である。詫摩は、不登校の子どもや親に対して偏見を持った教師を作り出していたといわざるを

得ない。これは犯罪的行為であると思う。】

(20) 平石賢二「美保子さんの通学」鈴木由紀夫・小川俊樹（編）『日常生活からの心理学入門』教育出版、2001年1月。

　たとえば、1970年代半ばより増加し続けている**不登校**の子どもたちは対人場面から退却し家庭に引きこもるという行動をとります。彼らの多くは同年代の友人関係でつまづいてしまっています。極端な場合には、家族以外の誰とも会えなくなったりすることがあります。しかし、このような子どもの問題の背景には必ずといって良いほど、親子関係における問題があります。充分に愛されているという確信がもてずにいたり、あるいは親が子どもを過剰に保護したり管理したりすることがあります。また、母子関係が密着している一方で父親との関係は希薄であるといった家族関係の結びつきのアンバランスが認められたりします。こういった問題を抱えている子どもの場合、不登校のきっかけとなっているような友人関係の問題を解決するよりも親子関係や家族関係の修復が優先課題であったりするのです。健全な友人関係の発達は、健全な親子関係を基礎に成立していると考えることができます（池田，1997）。（強調原文）（pp58-59）
【山岸注：「（池田，1997）」の出典だが、私の見た限りでは示されていない。】

(21) 間藤侑「思春期・青年期の心理臨床的問題」岡堂哲雄（編）『臨床心理学』日本文化科学社、1989年6月。

　かつて、登校拒否児の家庭は、比較的典型的な家族構造をもつものが多いと言われた。特に、父親の姿の不確かさ、母親の過保護、子どもの自我の未熟さという組合せからくる、家庭自体の全体的弱さである。そこには、仮に学校に問題があるとしても、なお家庭により多くの責任を問う社会全体の姿勢があったように思われる。あくまで家庭は学校に従属的であるとする、先述した学校信仰が、その底にあるからだと言えるだろう。その姿勢は、今もなお大きくは変わっていないかもしれない。（pp69-70）
【山岸注：これは第三者的視点に立脚している論述なのであえて最後に置いた。】

第1部
不登校研究前史展望

序章

　第1部では、不登校研究の前史が展望される。

　今日のわれわれにとっては、不登校の子どもや或いは不登校という現象は、自明のことである。すなわち、そういう子どもが居ることや、或いはそういう現象があることは、既に耳慣れた当たり前のことになっている、といえる。そしてまた、不登校の子どもがそのことで焦点化され、「治療」その他何らかの干渉を受けるということも、やはり今日では自明のことであるものと思われる。

　しかし、それでは、不登校の子どもというのは、一体いつ頃から存在していたのであったろうか。清原浩、及び伊藤美奈子の研究によれば[1]、わが国の不登校研究は、1959年に臨床心理学の佐藤修策による論文「神経症的登校拒否行動の研究──ケース分析による」[2]をもって開始された、という。

　したがって、不登校の子どもというのが1959年以前から存在したことは、確かである。しかし、それ以上のこと、例えば不登校の子どもは一体いつ頃から居たのかとか、「神経症的」であるとされて治療的処遇を受ける以前はどのように処遇されていたのかなどについては、余り明らかにされていないように見受けられる。

　そこで、まず第1章では、「不登校は戦後の現象なのか」ということを考察したいと考える。問いがこのようなかたちになっているのは、既に一部の専門家によって主張された「不登校は戦後の現象である」という言説が流通しているからである。そこで、私なりの文献の調査と分析を通じて、先行する言説の真偽を検証するというアプローチで考察を進めたいと考え

た次第である。

　また、第2章では、不登校研究の生成までの経緯を展望したいと考える。1959年の佐藤修策論文をもって、わが国に「不登校研究」という領域が生成したとするならば、逆に、なぜ或る時期になるまでそのようなものがなかったのかが問題となる。今日いう不登校の子どもというもの自体が、その時期まで存在しなかったということなのだろうか。もし存在していたとするならば、彼らは一体どのように捉えられ、またどのような処遇を受けていたのであろうか。これらのことを、やはり私なりの文献の調査と分析によって解明してゆきたいと考える。

【注】

1) 清原浩「不登校・登校拒否に関する研究の系譜——概念規定をめぐる歴史的展開を中心に」『障害者問題研究』通巻第69号、p4、1992年；伊藤美奈子「学童期・思春期：不登校」下山晴彦・丹野義彦（編）『発達臨床心理学（講座・臨床心理学5）』p115、東京大学出版会、2001年。

2) 佐藤修策「神経症的登校拒否行動の研究——ケース分析による」『登校拒否ノート——いま、むかし、そしてこれから』pp2-29、北大路書店、1996年：原著1959年。

序章　43

第1章
不登校は戦後の現象か

学校なんて無理に行くことないんだ。行きたくないなら行かなきゃいい。僕もよく知ってる。あれはひどいところだよ。嫌な奴がでかい顔してる。下らない教師が威張ってる。はっきり言って教師の八〇パーセントまでは無能力者かサディストだ。あるいは無能力者でサディストだ。ストレスが溜まっていて、それを嫌らしいやりかたで生徒にぶっつける。意味のない細かい規則が多すぎる。人の個性を押し潰すようなシステムができあがっていて、想像力のかけらもない馬鹿な奴が良い成績をとってる。昔だってそうだった。今でもきっとそうだろう。[1)]

——村上春樹の小説の主人公・1988年

1. 不登校は戦後の現象か

不登校は戦後の現象である、という言説を見かけることがある。例えば、以下のようにである。

〈X〉戦前には無かったことであるのに、終戦後の混乱が収束し始めた頃より生じ、今だに(山岸注:「今だに」原文ママ)増え続けているものに、学校恐怖症ということがある。[2)]

44 第1部 不登校研究前史展望

〈Y〉登校拒否は、終戦後に現れた問題行動であり、昭和35年ごろより急激に増加し、その増加は今日もなお続行しているとみられている。[3]

　それぞれ、〈X〉は臨床心理学の河合隼雄、〈Y〉は児童精神医学の平井信義によるものである。その功罪に関する議論をひとまずおくとすれば、いずれの人もその所属する学問分野を代表し得る存在であったことに異議を唱える者はまず居ないであろう。つまり、「不登校は戦後の現象である」との言説は、通説であると考えられる。

　しかし、本当にそうなのだろうか。というのは、河合も平井も、「不登校は戦後の現象である」と述べるに際して、何かその根拠となる資料を示しているわけではないからである。

　彼らがそのように述べ得る根拠は、結局のところ彼ら自身、すなわち代表性の認められる専門家であるという、彼らに対する世間的な評価のみであるように見える。しかし、河合に対する激しい批判[4]を読んだり、或いは平井が無節操な変説を行っている[5]のを見たりすると、彼らのいうことをそのまま信じることには、ためらいが生じてくる。

　また、通説が俗説に過ぎなかったというのは、時折、見聞きされることでもある。

　果たして不登校は本当に戦後の現象なのだろうか――本章では、「不登校は戦後の現象である」という言説の真偽を、文献の調査と分析を通じて検証したいと考える。

　色々な種類の文献を通じて、われわれは、不登校の子どもの存在をめぐって歴史的な意味を持つ幾つかの証言を見ることができる。その中には、自分の不登校体験を述べたり、クラスメートの不登校について言及したりしているものがある。それらを押さえてゆくことを通じて、不登校が本当に戦後の現象だったのか、という問いを考えてゆきたい。

第1章　不登校は戦後の現象か　│　45

2. 戦前・戦中期のクラスメートの不登校

　まず、戦前・戦中期には不登校はなかったのか、について考察してみよう。
　実は、戦前・戦中期の自分のクラスメートに不登校を起こしている者がいた、と証言している人が居る。いずれも精神科医であるが、以下にその証言を見てゆきたいと思う。
　まず精神医学の石井高明が、中学校時代のクラスメートの不登校を次のように回想している。

　　〈A〉私の中学時代は戦争末期で、物資も乏しく、勉学の意欲も薄れ、暗い青春であった。クラス内も何となくあわただしく、クラスメートも櫛の歯の抜けるように去っていった。その中に一人、「登校拒否」が居た。両親は外地にいて、本人は単身で下宿生活を営んでいた。彼の部屋はギターや流行歌の楽譜が散らかっており、「音楽家になりたい」ということをもらした。……しかし、知識のない私にも、とても音楽家になれる準備も練習も積んでいないことがよくわかった。遂には退学したように思ったが、その消息ははっきりしていない。[6]

　それからまた、精神医学の平田一成も、自分の小学校時代および中学校時代のクラスメートの不登校を次のように回想している。

　　〈B〉私が（山岸注：昭和10年に入った東京山手の小学校で）一年生、二年生と二年間同じ机に並んで座った男児は登校拒否の子どもだったのです。……当時よくみられたチンドン屋の後をついて遠方まで行き、保護されたエピソードを持つ彼は、いま考えると多少知的レベルの低い男児のようにも思いますが、手に職をつけ、立派に暮らしていると、のちのち噂を聞きました。……

……（山岸注：中学の時の）同期生の中に、ひときわ目立つ生徒がいました。……（山岸注：三年生の時同級になった彼は）頭が図抜けてよく、いつも勉強を教えてくれました。……（山岸注：病気で休学していた）私が復学し、終戦を迎え、授業が再開されてしばらくの後、彼は（山岸注：動員で行っていた軍需工場から戻って）私の級に姿を現しました。おどおどとし、質問にも答えられず立ち往生する姿を、私は離れた席から盗み見しました。間もなく彼は登校しなくなりました。[7]

3. 戦前・戦中期の自分自身の不登校

さて、この一方には、かつて自分自身が戦前・戦中期に不登校の子どもだった、と証言している人も居るのである。例えば文芸評論家で英文学の江藤淳、或いは動物学の日高敏隆が、そうである。

まず江藤の不登校についてであるが、これは、書誌学の武藤康史が執筆した「江藤淳年譜」に基づいて、それを見てみたい。以下の引用文の中で、さらに《……》によって引用されているのが江藤自身による執筆部分であるが、この出来事それ自体は、江藤の年譜の1939年に位置付けられている。要するに、江藤の不登校は戦前の時期のものであったということになる。

〈C〉学校に行かなくなった直接の原因は病気ではなく、一年生のとき若い教員に理不尽に叱責されたことだった。

《確かに廊下を走ったのはいけなかったし、小便を漏らしたのはもっとみっともないことだった。でも、若い教員のいうのは実はみんな逆ではないか。私は尿意が耐え切れなくなったので、チャンと手を上げて断ってから廊下に出た。走り出したのは早く便所に行きたかったからで、漏らしてしまったのは首根ッ子をつかまえられたはずみだ。

第1章　不登校は戦後の現象か　47

叱るなら、口で叱ればそれで済むではないか。

これだけのことを、小学校一年生の私が、言葉にして訴えることが
できていれば、私は登校拒否児童にならずに済んでいたかも知れない。
しかし、私は、担任にももちろん当の若い教員にも、自分の気持を説
明することができなかった。そればかりではない。恐らく一番決定的
なことに、私は自分の失敗をどうしても新しい母に告げることができ
なかったのである。》(『渚ホテルの朝食』「失敗」)

病気が見つかったのはこのあとだった。8)

次に日高の不登校を見てみよう。彼は、戦中に不登校を起こしていたこ
とがあると証言している。

〈D〉三年生になって少し学校へ行くようになった。ところがそのこ
ろは戦争中で、ぼくの通っていた学校はスパルタ主義で有名なところ
なんです。……だから、体操とかすごい。「おまえみたいに体の弱い
子は、天皇陛下はいらないと言っているから、舌を嚙み切って死んで
しまえ」とか、毎日そんなことを言われる。そうすると、子どもだか
らまいってしまう。

でも親も、そんなことはどうでもいいよ、とは言ってくれなかった。
「本当にそのとおりだ。しっかりしなきゃだめだぞ」というようなこ
とを言う。学校と親と、両方から責められて、完全な登校拒否、人間
不信になってしまった。9)

4. 戦後まもない時期の自分自身の不登校

さらに、戦後まもない時期に不登校を起こしている人も居たようである。
自分自身かつてその時期に不登校の子どもだった、と証言している人が見

受けられる。ここではふたりの人を取り上げたい。

第1は、無名の人ということになるが、かつて『朝日新聞（夕刊）』の「ひゅうまん」欄には次のような文章が載ったことがある。大石武という人のものであった。

〈E〉敗戦の混乱が残る昭和二十二年に小学校に入学した私は、二、三年生のころ不登校の苦い経験を持つ。柱にくくられたり、竹のむちでこぶができるほど頭やしりをたたかれたり、担任教師によるいじめが理由だった。弁当をもって家は出るが、行く先は決まって農家の納屋のわらの中や神社の屋根裏で、みんなが帰るころを見はからって家に帰っていた。

四、五、六年持ち上がりの担任によって救われた。そのころ始まった知能テストの数値に関心を持ってくれ、「なぜこの子は長い間学校に来られず、いじけてしまっているのか」と気にとめてくれた。10)

第2は、作家で政治家の石原慎太郎である。彼に関する或る年譜の中には、次に引用するように「●元祖・不登校（山岸注：「●」原文ママ）」という言葉が出てくる。すなわち彼もまた自分は不登校だった、と述べている人なのである。

〈F〉●元祖・不登校

小さい頃から持病の胃腸の病気を理由に、17歳のとき高校を1年間休学した。すっかり直っていたんだが、終戦まで「海軍士官になれ」と言っていた教師が、いきなり「東大法学部に行って役人になれ」だもの。俗物秀才教育の最たるもので、馬鹿馬鹿しくてやってられないよ。絵を描いたり、オペラや芝居、映画館に通ったり、フランス文学が好きで、あてもなくフランス語の勉強をしたりしてた。11)

第1章　不登校は戦後の現象か　49

5. 不登校は戦後の問題ではない

　以上、「戦前・戦中期のクラスメートの不登校」、「戦前・戦中期の自分自身の不登校」、「戦後まもない時期の自分自身の不登校」というふうに分類して、不登校の子どもの存在を確かめてきた。

　この通覧のうち、特に「2.」及び「3.」において、〈A〉、〈B〉、〈C〉、〈D〉として見てきた諸証言を根拠にして、河合や平井が流通させていた「不登校は戦後の現象である」という言説は誤謬である、と主張できるだろう。

　ただ、しかしそうであるとすれば、では、にもかかわらず、なぜ、そのような誤った言説が唱えられていたのか、ということが、当然ながら論点となる。節を改めて、このことを考察してみよう。

6. 「出会い」の時期と「出現・発生」の時期の混同

　結論からいえば、不登校の子どもと専門家との「出会い」の時期をして、「不登校は戦後の現象である」とする言説が唱えられたものと思われる。

　以下に、わが国の不登校研究にその初期からたずさわってきた何人かの専門家による述懐を見てゆきたいと思う。具体的には、既出の1) 平井信義の他、2) 児童精神医学の渡辺位、3) 精神医学の高木隆郎、及び4) 臨床心理学の佐藤修策による述懐を、見てゆくこととしよう。

1) 平井は、「私が『登校拒否児』と初めて出会ったのは、昭和二十九年のことである」[12] と記している。

2) 渡辺は、「登校拒否の子との最初の出会いは、一九五四—五五（昭和二十九–三十）年ごろですねえ」[13] と述べている。

3) 高木は、1956年前後に「今でも忘れることのできない、奇妙な少年の2例に遭遇」して、結局これらの少年が今日いう不登校であったと回想して

いる [14]。

4) 佐藤は、自分が「登校拒否の子にはじめて出会ったのは、昭和32、3年ごろであった」[15] と記している。

以上のように、不登校の子どもと研究者との「出会い」の時期は、早い順に並べれば、平井が1954年、渡辺が1954年〜55年、高木が1956年前後、佐藤が1957年〜58年、という具合になる。要するに、1950年代半ば以降に集中しているのである。

これらの時期をして、平井は「登校拒否は、終戦後に現れた問題行動」と述べていたのではないだろうか。すなわち、「出会い」の時期を「出現・発生」の時期に混同してしまう、という錯覚におちいっていたものと考察されるのである。

他方、河合は見たように「戦前には無かったことであるのに、終戦後の混乱が収束し始めた頃より生じ、今だに増え続けているものに、学校恐怖症ということがある」と述べていたのだが、この一方で別のところでは「登校拒否症がわが国において発生しはじめたのは、一九六四年頃である」[16] とも記しており、これについてはフォローのしようがない。

以上のことは、さらに専門家に対する信頼性の問題と関わってくる、と思われる。「不登校は戦後の現象である」という言説を唱えていた臨床心理学の河合隼雄にせよ、児童精神医学の平井信義にせよ、記したように、いずれも、それぞれの学問分野を代表し得る存在であった。しかし、にもかかわらず、そういう代表性の認められる専門家が、根拠に基づかないいい加減なことを無責任に述べていたわけである。臨床心理学や児童精神医学の学界、或いは不登校研究の学界というのは、そういうことが案外、問題にならない世界というふうに見えないでもない。

そもそも臨床心理学や児童精神医学には、その学問の特性として、第三者による追加検証・再現検証が極めて難しいということがある。つまり、われわれはそれらの学問領域の専門家が主張することを、そのまま信じる他ないのである。いいかえると、われわれには、それらの専門家というの

第1章　不登校は戦後の現象か　51

が客観的な証拠に基づいた事実を述べているに違いない、という前提があるのだ。しかし、河合や平井の振る舞いは、この前提に疑念をおぼえざるを得ないものになっているのである。

7. 不登校の原因になり得る教師／教師が原因で不登校は起こり得る

本章の目的は、「不登校は戦後の現象である」という言説の真偽を、文献の調査と分析を通じて検証することであった。そして、この真偽の判断は既に行った。

ただ、以上の「2.」〜「4.」で行ってきた諸証言の例示と通覧からは、もう1点、主張できることがある、と考える。或いは、主張しておかなければならないことがある、と。それは、「教師は不登校の原因になり得る／教師が原因で不登校は起こり得る」ということである。

この主張の根拠は、「3.」及び「4.」において、〈C〉、〈D〉、〈E〉、〈F〉として見てきた諸証言である。簡単に振り返ってみよう。

まず、〈C〉＝江藤の不登校の原因は、「若い教員による理不尽な叱責」であった。次に、〈D〉＝日高の不登校の原因は、「軍国主義に染まってスパルタ教育を行い暴言を吐く教師（とそれを肯定する親）」であった。また、〈E〉＝大石の不登校の原因は「担任教師によるいじめ」であった。さらに、〈F〉＝石原の不登校の原因は「教師たちのやる気を喪失させる無節操な変節」であった。

このように見てくれば、「教師は不登校の原因になり得る／教師が原因で不登校は起こり得る」ということ [17) 18)] も十分に主張し得ることであろう、と思われる。

実際、不登校の当事者の声が直接的、積極的にすくいあげられるようになると、江藤や日高や大石や石原同様、教師が原因で不登校を起こしてしまったという声は、けっして少なくはなかったのである [19)]。このことを

象徴するのは、法務省人権擁護局によって1988年11月〜12月に実施され、翌年の1989年9月に結果発表された「不登校児人権実態調査」であろう。後述もするが（第2部第2章の「4.」を参照のこと）、この「従来不足していた子ども自身を対象とした」調査は、結果的に「不登校の原因は教師や学校にも十分に求められる」ということを行政当局が公的に——すなわち文部省からではなく法務省から——明らかにするものとなったのである[20]。

8. 専門家は子どもたちの心の声を聴き取っていたのか

　しかしながら、そのような「教師は不登校の原因になり得る／教師が原因で不登校は起こり得る」という言説が、わが国の不登校研究の学界において、正当性のある原因論の1つとして正面から取り上げられたことがあっただろうか。わが国の不登校研究の学界において長期にわたって支配的であったのは、むしろそれとは逆のベクトルを持つ「不登校は本人の性格と親の養育態度に問題があるから起こる」という原因論、すなわち本人・家庭原因説であったのである。

　例えば不登校の「親の会」を主宰していた当事者の恩田良昭は、次のように述べている。

　　一九八四年、フリースクールや自由の森学園設立などの動きのある頃、渡辺位著『児童精神科—親も教師も考えたい「登校拒否」の心』（プレジデント社、一九八四）に出会ってそれまで四年間考えてきたことがまちがいではなかったのだと思った。「三〇年近い経験からすれば、必ず登校拒否につながる典型といえる家庭内の心理的力動は、具体的な臨床例の中には実際は存在していないといってよいのでないか」と家庭が原因とはいいきれず、今日の問題の深刻さは平均的な家庭で起こっていることだと述べていた。当時は逆の臨床例ばかりが目につく

という状況が多かった（たとえば文部省の刊行物など）。21)

　教師が原因で不登校を起こした子どもというのが、実は既に戦前・戦中期から実在していたにもかかわらず、学界においてはそのような原因論が主張されることがほとんどなく、逆に「不登校は本人の性格と親の養育態度に問題があるから起こる」という原因論、すなわち本人・家庭原因説が支配的に主張され続けてきたということ——ここには明らかなギャップがある。このギャップからは、不登校研究の専門家は果たして子どもたちの本当の心の声を聴き取ることができていたのだろうか、という疑問がわく。

9. 専門家にとっての学校と不登校の子どもにとっての学校

　例えば1989年、精神医学の小倉清は次のように述べている（下線は山岸による）。

　　子どもにとって学校へ行くというのは、食事をとったり、睡眠をとったりするのが人間にとってごく自然なことであるくらいに、まったく自然なことであるはずである。教師や同級生たちとさまざまのやりとりをもつことも同様に、ごく自然なことであるはずである。そういったごく自然な営みが、自由に自然にならなくなっているのが登校拒否の現象である。22)

　しかし、本章の「3.」〜「4.」で取り上げた江藤や日高や大石や石原にとって、「学校へ行くというのが、食事をとったり、睡眠をとったりするのが人間にとってごく自然なことであるくらいに、まったく自然なこと」であったとは到底、思われない。彼らにとって学校というのは、教師に、恥をかかされたり（江藤）、「死ね」といわれたり（日高）、「いじめ」られたり（大

石）、或いは昨日と今日で180度違うことを「教育」されたり（石原）する場であったのである。

　それだけでなく、これは記したように1989年に行われた論述であるのだが、1980年代の後半といえば、わが国の学校では、いじめられ自殺や教師による体罰死事件が起きたりしていた[23]のである。このような状況の中で、「学校へ行くというのが、食事をとったり、睡眠をとったりするのが人間にとってごく自然なことであるくらいに、まったく自然なこと」であったとは考えにくい。けだし、小倉の論述は、事実を中立的に踏まえたものというより、彼の単なる思いこみに基づいたものであったと考えるのが合理的である。このような思い込みは、不登校の子どもたちの本当の心の声を聴き取る際の心理的な壁となっていたのではないだろうか。

【注】
1) 村上春樹『ダンス・ダンス・ダンス（上）』p353、講談社・講談社文庫、1991年：原著1988年。
2) 河合隼雄『家族関係を考える』p34、講談社・講談社現代新書、1980年。
3) 平井信義「不登校児人権実態調査報告」法務省人権擁護局（監修）・法務省人権擁護局内人権実務研究会（編）『不登校児の実態について──不登校児人権実態調査結果報告』p3、大蔵省印刷局、1989年。
4) 小池清廉「自閉症児の治療をめぐって」『発達』通巻第11号、p88、ミネルヴァ書房、1982年：石坂好樹「書評：河合隼雄（編）『講座心理療法第7巻　心理療法と因果的思考』岩波書店、2001年」『児童青年精神医学とその近接領域』第42巻、pp249-255、2001年。
5) 第2部第1章の「4.」を参照のこと。
6) 石井高明「『登校拒否』へのいくつかの視点」『あも』第1巻第3号、p16、メディカ出版、1990年。
7) 平田一成「『登校拒否』について──小・中学校の想い出」『あも』第1巻第3号、p32、メディカ出版、1990年。
8) 武藤康史（編）「江藤淳年譜」江藤淳『妻と私・幼年時代』p201、文藝春秋・文春文

庫、2001年。また、引用文中の引用文（《…………》の中）の出典は次の通り。江藤淳『渚ホテルの朝食』pp18-19、文藝春秋、1996年。

なお、この江藤の不登校については、以前に、山岸竜治「江藤淳の不登校が意味するもの」『学叢』通巻第71号、pp20-21、日本大学文理学部、2003年、において若干の考察をほどこしてある。

9) 日高敏隆『ぼくにとっての学校——教育という幻想』p8、講談社、1999年。

なお、この日高の不登校については、河合隼雄『子どもと悪（今ここに生きる子ども）』pp22-25、岩波書店、1997年；河合隼雄・日高敏隆「日高敏隆さんと…子どもが個性をのばすとき」河合隼雄『あなたが子どもだったころ——こころの原風景』pp235-264、講談社・講談社プラスアルファ文庫、2002年：原著1991年、などで取り上げられている。

10) 大石武「明暗分けた二人の担任（「ひゅうまん」欄）」『朝日新聞（夕刊）』3月26日付、2001年。

なお、悪質な教師が原因で始まった不登校が、良心的な教師によって終わっていった点にも留意すべきあろう。不登校における教師の比重は、事例にもよるだろうが、恐らくけっして小さくはない。注の18）も参照のこと。

11) ダ・ヴィンチ編集部「石原慎太郎ができるまで」ダ・ヴィンチ編集部（編）『解体全書neo 作家はいかにつくられるか』p120、メディアファクトリー、2003年：原著2001年。

ところで、この石原の不登校は、1980年代後半になって臨床心理学の鑪幹八郎が、「登校拒否と不登校——神経症的発現から境界例および登校無関心型へ」『児童青年精神医学とその近接領域』第30巻、pp260-264、1989年、において、いかにも新しい問題であるかのように論じた「明るい登校拒否／不登校」、すなわち「登校をめぐる葛藤がなく、学校に行きたくないから行かないというスタンスの登校拒否／不登校」に該当しているように思われる。つまり、この石原の不登校を参照する限り「明るい登校拒否／不登校」も実際はずいぶんと早い時期から存在していたように思われる、ということである。なお、「明るい登校拒否／不登校」は、その他、例えば、大高一則「児童・思春期クリニックの現場から」『こころの科学』通巻第87号、pp61-65、日本評論社、1999年、などにおいても用語として用いられている。

12) 平井信義『登校拒否児——学校ぎらいの理解と教育（平井信義の児童相談2）』p1、新曜社、1978年。

13）渡辺位「病める社会に悩む子どもたち」渡辺位（編）『登校拒否・学校に行かないで生きる』p10、太郎次郎社、1983年。

14）高木隆郎「登校拒否と現代社会」『児童青年精神医学とその近接領域』第25巻、pp63-64、1984年。

15）佐藤修策『登校拒否ノート──いま、むかし、そしてこれから』ｐｉ、北大路書房1996年。

　　ただし、この本には、①「日本臨床心理学会（現・日本心理臨床学会）」（p57）などという事実をゆがめた記述（日本臨床心理学会が日本心理臨床学会に変わったという事実はない）、②或いは「筆者が相談所に勤務しはじめた昭和29（1954）年ごろは、朝鮮半島における戦争のさ中で」（p304）などという恐るべき記憶力を露呈した記述（朝鮮戦争は1953年には終わっている）、③さらには無視するのが難しい数々の誤字脱字が見られる。私は、こういった、中立的心性の欠如、記憶力の貧困さ、言葉の操作に関する不確実性といったものは、どれも心理臨床家にとって好ましくない要素であると考える。したがって、本自体についても問題のある本、という認識を持っている。

16）河合隼雄『母性社会日本の病理』p56、講談社・講談社プラスアルファ文庫、1997年：原著1976年。

17）ここでいう「教師が原因」であるが、これは、①必ずしも「教師が原因＝教師が悪い」ということではないし、②また必ずしも「教師が唯一の原因」ということでもない、③ただしそのいずれか或いは両方が該当している場合もある、という内容のものである。この点、誤解のないよう理解して頂きたいと思う。次の注の18）も参照のこと。

18）「教師は不登校の原因になり得る／教師が原因で不登校は起こり得る」というテーマに関しては、1990年代に入って学校臨床教育学の近藤邦夫による定量化を伴った研究の試みが始まった。例えば、近藤邦夫「教師－子ども関係を理解する」佐伯胖・他（編）『学校の再生をめざして2──教室の改革』pp49-81、東京大学出版会、1992年；近藤邦夫『子どもと教師のもつれ──教育相談から』pp93-125、岩波書店、1995年。

　　私の見るところ、いまだ萌芽的なものに留まってはいるが、しかし近藤が明らかにしようとしていたと思われる「教師と子どものウマが合わないと（両者に悪いところがなくても）不登校は起こる」という視点は、依然として大変重要な視点であると思われる。

なお近藤は、前掲の著書の後者（pp118-125）において、山本和郎「学校に行かない子——地域精神衛生活動を通して」安田生命社会事業団（編）『いわゆる登校拒否についてＩ』pp73-100、安田生命社会事業団、1975年、を取り上げ、この中には「教師が原因で不登校になった」子どもの事例（pp81-89）があると指摘している。すなわち、既に1970年代には「教師が原因で不登校になった」事例が公にされていたのである。しかしながら当時は、なぜか誰もそういう読み方をし得なかったのであった。

19) 例えば、「東京シューレ」の子どもたち（編）『学校に行かない僕から学校に行かない君へ』pp199-240、教育史料出版会、1991年；長谷川裕「生活困難層の青年の学校『不適応』久冨善之（編）『豊かさの底辺に生きる——学校システムと弱者の再生産』pp107-145、青木書店、1993年；石川憲彦・内田良子・山下英三郎（編）『子どもたちが語る登校拒否——402人のメッセージ』世織書房、1993年；三坂彰彦「登校拒否・不登校と子どもの人権」東京弁護士会・子どもの人権と少年法に関する委員会（編）『学校と子どもの人権（子どもの権利シリーズ第1巻）』pp153-184、東京弁護士会、1993年；西村秀明「子どもたちからのメッセージ」久保武・西村秀明『不登校の再検討』pp175-227、教育史料出版会、1993年。

20) 法務省人権擁護局（監修）・法務省人権擁護局内人権実務研究会（編）『不登校児の実態について——不登校児人権実態調査結果報告』pp23-25、大蔵省印刷局、1989年。

21) 恩田良昭「親からみたわが子の不登校」『こころの科学』通巻第51号、p45、日本評論社、1993年。

22) 小倉清「日本と外国の『登校拒否』現象の比較」『教育』通巻第514号、p55、国土社、1989年。

23) 豊田充『葬式ごっこ——八年後の証言』風雅書房、1994年；塚本有美『あがないの時間割　ふたつの体罰死亡事件』勁草書房、1993年、などを参照のこと。

第2章
浮き彫りにされた不登校の子どもと
関連学会の発足

一九四七年、中学校の義務教育化に反対が強かったのが、六〇年
代には高校全入運動まで展開されるに至った……[1)]

——橋本寿朗・1995年

児童精神医学という学問は、その当時（山岸注：1960年頃）はまだ
日本ではできたばかりの領域であり、この学問の関心の中心の一
つが「登校拒否」でありました。[2)]　　　——石坂好樹・1991年

1. 1959年のわが国で最初の不登校論

　不登校の子どもというのが実は既に戦前から存在していた、ということ
を前章では見た。それでは、わが国において、そういう子どもが焦点化さ
れ干渉や研究の対象となり出したのは、いつからのことだったのか。つま
り、わが国の不登校研究は、一体どのような経緯をたどり、いつ頃から始
まったのであったろうか。

　記したように、清原浩、及び伊藤美奈子の研究によれば[3)]、わが国にお
ける不登校研究は、臨床心理学の佐藤修策による1959年の論文「神経症
的登校拒否行動の研究——ケース分析による」[4)]をもって始まったとされ
ている[5)]。

そして、これは、その他の専門家の見解とも符合するものである。例え
ば精神医学の高木隆郎は、わが国の不登校研究の黎明期に言及して、次の
ように述べている（下線は山岸による）。

　　そもそも厚生省児童局監修の『児童のケースワーク事例集』（昭和
　24年創刊）の中で、登校拒否児の指導記録が初めて見られるのが昭和
　32年（宮城県の報告）であり、以後毎年2、3の府県からの報告が続く。
　　わが国で登校拒否に関する学術的な論文が公表されたのは1959年
　である。その第1は前記の高木らの長欠の精神医学的実態調査の報告
　であって、この中に、長欠児の一部には神経症カテゴリーに属するも
　のがあり、それはアメリカの論文で school phobia といわれているも
　のに一致するとの記載がある。第2は同じ1959年、これと独立して、
　岡山県中央児相の紀要に、佐藤（山岸注：佐藤修策のこと）（現高知大）
　が“神経症的登校拒否行動の研究”という、きわめてすぐれた論文を
　発表している。これが、わが国における神経症論としての登校拒否の
　最初のまとまった論文で、5例の詳細な症例研究の後、治療理念、症
　状の展開の心理機制まで論じられ、アメリカの文献の展望まで行なわ
　れており、今日的視点からみても高い水準のものである。
　　翌年、国立精神衛生研究所児童部の鷲見（山岸注：鷲見たえ子のこと。
　ただしこれは鷲見をファースト・オーサーにした共著論文である）が、自家例
　（山岸注：「自家例」原文ママ）を集めて『精神衛生研究』（1960）に“学校
　恐怖症の研究”と題した原著論文を発表している。6) 7)

　このように、高木は、1959年の佐藤論文を「わが国における神経症論と
しての登校拒否の最初のまとまった論文」と位置付けている。
　ただ、一方で、高木によれば、これに先立つ「登校拒否児の指導記録」
が、既に1957年に公表されていたともいう。この文献について、高木は、
上に引用したのとは別の文献の中で、次のように述べている。

わが国では、一九五七年に出された厚生省児童局監修の「児童のケースワーク事例集」第九集に「登校を嫌がる女児とその母親」という、宮城県中央児童相談所の短いレポートがあります。恐らくこれが、今日これほどまで社会問題化している登校拒否に関する、わが国で最初の印刷物ではないでしょうか。8)

　ちなみに、この「『登校を嫌がる女児とその母親』という、宮城県中央児童相談所の短いレポート」は、臨床心理学の宇津木悦子と児童福祉学の板橋登美によってあらわされたものである9)。

2. 放縦児：戦前の不登校

　ただし、前章で見てきたのは、不登校の子どもは既に戦前から存在していた、ということである。では、にもかかわらず、不登校の子どもは、高木のいうように、1957年になるまでは「印刷物」になることはなかった、ということなのだろうか。

　この点については、精神医学の石坂好樹による次のような言及がある。

　　この「学校恐怖症」という概念は（山岸注：1960年頃に）アメリカからやってきましたが、もちろんこのような子どもがまったく新たに日本の社会に出現したかというと、どうもそうではないようです。これは福岡におられる村田先生に教えていただいたことなのですが、そのような子どもは少ないながらも戦前にもいたのだということが分かります。10)

　このような、不登校の子どもが「まったく新たに日本の社会に出現したかというと、どうもそうではないようで」「そのような子どもは少ないな

第2章　浮き彫りにされた不登校の子どもと関連学会の発足　61

がらも戦前にもいた」らしいという見解は、前章における考察と一致する。

　ちなみに、石坂が「福岡におられる村田先生」といっているのは、精神医学の村田豊久である。村田は、第29回日本児童青年精神医学会総会における会長講演を活字化した論文「子どもの病態と治療構造——わたしの経験から」11) の中で、過去の精神科医・精神医学者である下田光造を取り上げて、「(山岸注：下田による) 放縦児の記述は登校拒否や家庭内暴力の子どもたちが昭和の初期にすでにいたことをしめしています」12) と述べている。

　以下に、村田論文からの重引になる 13) が、「昭和の初期に」下田によって行なわれた「放縦児」に関する記述の一部を引用してみよう。

　　　放縦児 (下田：1919年)
　　我儘いっぱいの児童という意味である。
　　……
　　斯くして適当なる教育を怠った盲愛の親はそれからでき上がった放縦児の行動によって毎日涙の生活を送らねばならぬ様になる。
　　放縦児は家庭においては暴君であるが、一歩社会に出ると温順である。学校にいる間も温順で立派な生徒である。
　　それだけ彼等は外に出て自己抑制をやって居るのであるから非常にきゅうくつを感じる。それ故になるべく家に居て我儘に暮らしていることを好む。
　　学校にも仲々いこうとしない。母や祖母が何か買って与えたり、いろいろなだめたりして連れていくが、直ぐ帰ったり、よく休んだりする。14)

　このように、村田によれば、不登校の子どもは「昭和の初期にすでに」「印刷物」にもされていたというのである。高木の見解は訂正を要するものであった、という指摘をしておこう。

3. 放縦児と不良児：不登校は大した問題ではない

　ところで、下田のいう「放縦児」において、「学校にも仲々いこうとしない＝不登校」は、あくまでも「我儘いっぱいの児童」のそのわがままの1つでしかない。つまり、そこで、不登校は、問題児（＝放縦児）の諸問題行動のそのうちの1つに過ぎない、と捉えられている。

　そうだとすれば、これと同様に、以前には、学校へ行っていないことが明示されていないラベルによって、今日いう不登校の子どもが表象されていたのではないか、ということが考えられる。

　そして、実際、この観点に立って諸文献を見渡してゆくと、戦後のものとなるのではあるが、今日いう不登校の子どもが「不良児」というラベリングによって表象されていた、次のような文献が、見つけ出されたのである（下線は山岸による）。

　（2）九才男児

　　母親からの相談の主訴は、登校忌避、頑固な性格、偏った癖（収集癖）である。半年ほど前から学校へ行くのを嫌うようになり、最近ではあたりまえのようになった。理由を聞いてもはっきりしないが服装やお弁当が粗末なのを笑われるのが厭だという。はじめの頃は強く叱責したりなだめたりしたが元来非常に頑固なので少しも効果なく現在ではもう気ままにさせている。母は早朝から働きに出るので登校時には不在で六年生の兄が一緒に連れて行こうとしたが全く駄目であった。
　　……

　　勉強は決して嫌ではない、成績も優秀であったが偏った勉強のしかたである。母や兄に対して明らさまな反抗はしない、気に入らないときは沈黙して自分の机に座って収集品の中に没頭している。このガラクタにはだれも手をつけさせない。[15]

第2章　浮き彫りにされた不登校の子どもと関連学会の発足　63

以上は、1952年に臨床心理学の清原健司によってなされた「不良児」に関する記述の一部であるが、この「不良児＝九才男児」は、今日いう不登校の子どもであるものと思われる。そして、ここでも、「放縦児」の場合と同様、「登校忌避＝不登校」は問題児（＝不良児）の諸問題行動のそのうちの1つに過ぎないと捉えられている、と指摘できる。

　すなわち、それは、「頑固な性格」、「偏った癖（収集癖）」と並んで問題視されているに過ぎない――ということは、清原は、どうやら、不登校（＝行けるはずの学校へ行っていないこと）それ自体は大した問題ではないと捉えていた、ということになるのではなかろうか。

4.「学校がきらいなら行かなくてもよい」

　このこととからんで注目されるのは、この「不良児＝九才男児」が、「半年ほど前から学校へ行くのを嫌うように」なったにもかかわらず、「現在ではもう気ままにさせている」という処遇を受けている点である。つまり、この子どもは、（行けるはずの）学校へ行っていないにもかかわらず、親や教師や一般の人々からそのこと自体に関する干渉を受けてはいないようなのである。不登校であるにしては寛容な処遇を受けていた、といえよう。

　このような寛容な処遇は、しかし、振り返って考えてみれば、前章の「4.」で取り上げた、同じ昭和20年代の大石武の不登校にも見て取れることであった、と指摘できる。再引用すれば、大石は次のように述べていた。

　　敗戦の混乱が残る昭和二十二年に小学校に入学した私は、二、三年生のころ不登校の苦い経験を持つ。……担任教師によるいじめが理由だった。弁当をもって家は出るが、行く先は決まって農家の納屋のわらの中や神社の屋根裏で、みんなが帰るころを見はからって家に帰って

いた。16)

　このように、大石もまた、（はたから見れば行けるはずの）学校へ行ってい
ないにもかかわらず、親や教師や一般の人々から、そのことに関する干渉
を受けてはいなかったのであった。
　また、戦前（1939年）の話にはなるが、不登校に対する寛容な処遇は、
前章の「3.」で取り上げた江藤淳の不登校にもやはり見出せる。

　　　さて、要するに、私はこうして登校拒否児童になった。二度目の母
　　や女中に学校に連れていかれても、ランドセルも弁当もほうり出して、
　　誰にも気づかれずに、するりと自宅に逃げ帰ってしまうのである。帰
　　って来ると、また誰にも気づかれずに納戸にはいって、なかから鍵を
　　掛けてしまう。そのうちに智慧がついて、逃げて帰って来る途中でパ
　　ンと牛乳を買って来ることを覚えてからは、私は夕方まで納戸から出
　　る必要がなかった。そこには円本の全集やら草双紙類やらの山があっ
　　たからである。17)

　これを読むと、江藤の不登校は、下田のいう「放縦児」そのものではな
いかという気さえしてくるのであるが、それはともかく、この江藤の場合
も、やはり（はたから見れば行けるはずの）学校へ行っていないにもかかわら
ず、親や教師や一般の人々から、そのことに関する干渉を受けてはいなか
ったように見える。
　このような、不登校の子どもに対する寛容な処遇（＝周囲の不干渉）の背
景には、それなりの社会心情があったものと思われる。例えば、わが国で
最初の不登校論の著者とされる佐藤は、次のように述べている。

　　　筆者が（山岸注：岡山県中央児童）相談所に勤務しはじめた昭和29
　　（1954）年ごろは、朝鮮半島における戦争のさ中で、また第二次世界

大戦の戦禍が、児童福祉分野にもまだ影を落としていた。……

　……親も教師も、また一般の人々のあいだでも、「学校がきらいなら行かなくてもよい」といった考え方が支配的であった。高校中退もおおらかに受けとめられていた。18)

　このように、そもそも「『学校がきらいなら行かなくてもよい』といった考え方が支配的で……高校中退もおおらかに受けとめられていた」時代ないし社会においては、「不良児＝九才男児」や大石や江藤のような不登校の子ども、すなわち行けるはずの学校に行っていない子どもが居たとしても、彼らは目立たなかったに違いないと思われるのである（念のためにいっておくと、大石や江藤の不登校は、傷病や経済的な理由や親の学校教育に対する無理解等によるものではなかったので本研究でいう不登校に該当している）。

5. 1950年代後半に絶対的な規範性を帯びた学校制度

　この点、栃木県鹿沼市児童福祉司（鹿沼市の他に今市市、日光市、その他1つの郡を担当）であった斎藤清が、過去6年間を報告対象期間として1959年にあらわした実践報告「児童福祉司の取扱った長期欠席児童の実態とその分析（山岸注：「取扱った」原文ママ）」19) は、興味深いものである。斎藤は、次のように述べている。

　　学校によっては長期欠席児童対策が極めて積極的であるが、時には校長が全然把握していなかったり、担任が学期末になっても一度も家庭訪問せず、生徒の顔も知らない例もあったので、まず全般的に、学校側や教委の積極的関心が必要である。20)

　この斎藤の実践報告は、記したように、①1959年に公表され、②かつ

66　第1部　不登校研究前史展望

「過去6年」を報告対象期間としたものである。したがって、引用文には1953年〜1958年あたりのことが描出されているものと思われる。

　斎藤によれば、1953年〜1958年頃には、「長期欠席児童」を「全然把握していない」校長や或いは「学期末になっても一度も家庭訪問せず、生徒の顔も知らない」担任が存在していた、という。ここには、学校へ行く／行かないをめぐる社会心情の変化の過渡期の様相が、はからずも描き出されている、といえるのではないだろうか。

　すなわち、引用文には、①児童福祉司の斎藤による「学校へ行くこと」を自明視し「学校へ行っていないこと」を問題視した〈新しい意識〉と、②長期欠席の子どもを「全然把握していない」校長や或いは「学期末になっても一度も家庭訪問せず、生徒の顔も知らない」担任の、要するに「学校へ行っていないこと」を大して問題視しない〈古い意識〉とが、見事に並存している、と指摘できるのではないのだろうか。

　そもそも不登校の子どもは、「長期欠席児童」の中に潜在していたと考えられる。すなわち、傷病や経済的な理由や親の学校教育に対する無理解等から学校へ行っていない大量の子どもたちのその中に、行けるはずなのに学校へ行っていない少数の子どもたちも混じり込んでいたのだろう。「長期欠席児童」たち自体を問題視も重大視もしない時代ないし社会であれば、不登校の子どもたちも問題にはならなかったのである。

　とはいえ、そのような時代ないし社会は、斎藤の実践報告があらわれた1950年代の後半頃には、もう終わろうとしていたようである。例えば、兵庫県明石市でクリニックを開業していた精神医学の生村吾郎は、以下のように述べている。いささか長い引用となるが、引いてみよう。

　　実のところ、暮らしのなかに学校があるというのではなく、学校のなかに暮らしがあると解していいような歴史的季節にわたしたちは居合わせている。

　　わたしたちの暮らしや人生のなかで学校という制度がこのような絶

対的、超越的な規範性を帯びたのは、昭和30年代前半のことである。

　昭和23年に小学校に入学したわたしは、姉がメイドをしていた進駐軍の軍属の好意で4年生の時に、堂々と学校を休みジープに乗ってアメリカ博覧会を見物に行った。さる大企業の養成校の化学教師であった父もP.T.Aの副会長を務めていた母もなんのためらいもなく学校よりアメリカ博覧会に私を送り出したのである。

　わたしの三文診療所がある雑居ビルから港にそって西へ5分ばかり歩くと「生徒指導3年でノイローゼ」と教師間で風評の高いK中学校がある。昭和20年代後半に新任として同中学校に赴任した老退職教師は次のように証言する。

　「昭和27、28年頃は毎年120数名の不登校の生徒がいました。そのほとんどが漁師の子弟で、われわれ教師は昼休みになると自転車で一勢（山岸注：「一勢」原文ママ）に港に向かい、親とこどもたちを奪い合ったものです」

　当時の漁船には魚影探知器はないし、焼玉エンジンの出力は低い。漁師たちは対岸の淡路島の島影や海峡を渡る風の微妙な強弱で魚群の位置をさぐりあてねばならなかった。この技術を体で憶えないと漁師としての暮らしはたたなかったし、その習熟には少年期の感性と体が必要だった。こどもの将来の暮らしを思えば、親たちは彼らをオチオチ中学校なんぞにやっておれなかったのである。

　この120数名のこどもたちの誰一人をも当時の世間は登校拒否とは呼ばなかった。学校よりも大切なものがあることが当時の世間では自明であったから。

　同じ頃、淡路島の西海岸のI中学校には豊漁休日の慣行があった。村の港に鰯の大群が押し寄せてくると、役場のサイレンがけたたましく鳴り、それを耳にした教師はすぐさまチョークをおいて「漁師の子は帰り」と彼らの帰宅をうながしていた。サイレンが村中に鳴り響いても教師がチョークを置かなくなった（山岸注：「チョークをおいて」／

「チョークを置かなくなった」原文ママ）のはやはり昭和33年前後と聞く。

豊漁休日よりずっとありふれた社会的慣行であった農繁期休暇が学校や職場からそっと姿を消すのも同じ頃である。[21]

このように、生村によれば、昭和30年代前半＝1950年代後半頃に「学校制度が絶対的、超越的な規範性を帯びる」という社会的な変化が経験されていった。いいかえれば、児童福祉司の斎藤が有していた「学校へ行くこと」を自明視し「学校へ行っていないこと」を問題視する〈新しい意識〉にこそ、社会は覆われていったのである。そして、この変化の中で、不登校の子どもが浮かびあがってきたのであったろう。

述べたように、「学校がきらいなら行かなくてもよい」といった考え方が支配的であった時代ないし社会においては、不登校の子ども（行けるはずなのに学校へ行っていない子ども）は長期欠席の子どもの中にいわば埋没していられた。しかし、それが、「学校制度が絶対的、超越的な規範性を帯びた」時代ないし社会、すなわち「学校へ行くこと」を自明視し「学校へ行っていないこと」を問題視する時代ないし社会に変わり果てた時、「行けるはずなのに学校へ行っていない子ども」たちの存在が浮き彫りにされてきた、と思われるのである[22][23]。

6. 学校へ行く／行かないをめぐる法的位置付けの不変と社会心情の変化

一方に全く変化していなかったものがあったことを意識しておかなければならないだろう。それは、学校へ行く／行かないをめぐる法的な規定である。

戦後の1946年に日本国憲法第26条が普通教育に関する親等保護者の義務を定め、これに引き続き1947年に教育基本法第4条が9年という義務教育の年限を定めて以降、1950年代を通じて、学校へ行く／行かないをめ

ぐる法的な規定が何か変化したということは全くない。子どもが学校へ行っていないことは1950年代を通じて社会的に受容されないことに変わったが、それは法規によって変わったのではなく、そのことに関する社会的な捉え方、いいかえれば社会心情によって受容されなくなったのである。

7. 学会－学界の発展と不登校問題の混迷

では、浮き彫りにされた不登校の子どもたちはどうなったのか——1つには、学問に利用されたのではないかという見方ができる。佐藤修策は、その1985年の博士論文の「はしがき」で次のように述べている。

> 登校拒否症は、我が国の児童臨床心理学の胎頭期（山岸注：「胎頭」原文ママ）に登場し、児童臨床心理学の発展とともに研究が進められてきたし、また反対に、登校拒否症の心理臨床的研究が児童臨床心理学の発展を助けてきたと言っても過言ではないように考えられる。極端にいえば、我が国に登校拒否症が存在しなかったならば、児童臨床心理学は今日ほどの発展を遂げていなかったのである。[24]

1960年前後には「日本児童精神医学会（現・日本児童青年精神医学会）」や「日本臨床心理学会」の発足ということが起きている。前者の発足は1960年[25]、また後者の発足は1964年である。ただし後者の母体であった「関西臨床心理学者協会」は、遅くとも1962年には存在していた[26]と見られる（ちなみに佐藤は、関西臨床心理学者協会時代からの日本臨床心理学会員[27]であった）。

要するに、社会史的に見ると、社会心情の変化にしたがって不登校の子どもが浮き彫りにされ始めたところに、日本児童精神医学会や日本臨床心理学会の発足ということが、かぶさるように生じていたわけである。

ここで、2つのことを指摘したいと思う。第1は、不登校というものが児童精神医学や臨床心理学にとって都合のよい研究材料であったということ、そして、第2は、新興の学問であった児童精神医学や臨床心理学が自分たちの有用性・効用を示そうとしていたに違いないということ、である。

　まず第1のことについて見てゆこう。発足したばかりの日本児童精神医学会は、成人中心の精神医学（具体的には日本精神神経学会）からの差別化を明確にしたかったものと思われる。不登校（行けるはずなのに学校へ行っていない）を神経症の一種と見なせば、それは「子どもに特有の精神の病気」となる。そして、そのようなものの存在は、発足したばかりの日本児童精神医学会の存在理由を確かにし、その発展に貢献するはずなのであった。ちなみにこのことは、例えば平井信義による次のような論述にも滲み出ているのではないかと思われる（下線は山岸による）。

　　　児童精神医学会は、同志の呼びかけによって発足した。その意味は、二つに大別されると思う。その一つは、精神医学のなかで児童を対象として研究をすすめなければならないという意志であり、もう一つは、小児医学のなかで精神衛生を重要視すべきであるという意志であった。[28]

　一方、日本臨床心理学会にとっては、不登校の子どもが遊戯療法やカウンセリングによる治療的接近が妥当に見える存在だった点で、都合がよかったと思われる。いいかえれば、それが薬物療法や物理的行為を介在させずに治療的接近を試みられる対象に見えたことから、不登校というのは、薬物をほどこす権限を持たず、また手技を用いない臨床をむねとする臨床心理学の専門家でも、十分に取り組むことの可能な治療対象であった、ということである。

　次に第2のことについてであるが、これは一般論としていい得ることであろう。すなわち、新興の学問が自分たちの有用性・効用を示すことで社

第2章　浮き彫りにされた不登校の子どもと関連学会の発足　71

会に認知されようとしてゆくのは、常なることであると思われる。そして、児童精神医学や臨床心理学の有用性・効用とは、或いはそれらの有用性・効用の分かりやすいかたちとは、対象である個人ないし家族を「治療し、よくする」ということである。

さて、以上の第1、第2のことを総合すると、発足したばかりの日本児童精神医学会や日本臨床心理学会は、自分たちに都合のよい研究材料として「不登校の子ども」に積極的に関わり、彼らを「治療し、よくする」ことを通じて、自分たちの有用性・効用を社会に示してゆこうとした、と考えられる。

だが、それは結果的にどうだったのだろう。端的にいえば、児童精神医学や臨床心理学はそれなりに発展したものの、不登校問題それ自体は一向に改善はされなかった、といえるのではないのだろうか。このことは、実は本節のはじめに引用した佐藤の論述が暗に物語っている。佐藤は（児童）臨床心理学が発展したというのだが、彼が車の両輪のようにいう不登校問題が改善されたかを明らかにはしていない。

むしろ、佐藤の論述を注意深く読めば、「不登校問題は改善されていないが（児童）臨床心理学は発展した」という実相が浮かび上がってくる。すなわち佐藤のいっているのはこういうことだ——わが国の（児童）臨床心理学は不登校の子どもを材料にしつつ自分たちの有用性・効用を示そうと試み、結局それは示し得なかったのだが、自分たちの発展には成功した。

しかし、不登校の専門家はそれでよいとして、不登校の当事者の方は一体どうなるのだろうか。われわれは、専門家たちが実はめぼしい成果を出せていない現実を踏まえて、この後展開されていったわが国の不登校研究がどのような問題点をかかえていたのか、を点検してみる必要があるのである。

【注】

1) 橋本寿朗『戦後の日本経済』p234、岩波書店・岩波新書、1995年。

2) 石坂好樹「象徴としての登校拒否」教育科学研究会・横湯園子（編）『不登校・登校拒否は怠け？病い？──その「対応」をさぐる（『教育』別冊2）』p16、国土社、1991年。

3) 清原浩「不登校・登校拒否に関する研究の系譜──概念規定をめぐる歴史的展開を中心に」『障害者問題研究』通巻第62号、p4、1992年；伊藤美奈子「学童期・思春期：不登校」下山晴彦・丹野義彦（編）『発達臨床心理学（講座・臨床心理学5）』p115、東京大学出版会、2001年。

4) 佐藤修策「神経症的登校拒否行動の研究──ケース分析による」『登校拒否ノート──いま、むかし、そしてこれから』pp2-29、北大路書房、1996年；原著1959年。

5) その他、例えば精神医学の滝川一廣も、佐藤論文について「わが国最初の具体的な援助論である」とコメントしている（滝川一廣「不登校はどう理解されてきたか」佐伯胖・他（編）『いじめと不登校（岩波講座・現代の教育第4巻）』p181、岩波書店、1998年）。

6) 高木隆郎「登校拒否と現代社会」『児童青年精神医学とその近接領域』第25巻、p67、1984年。

　なお、この引用文の中で言及されている文献のうち、佐藤修策によるものは既に注の4）に記したが、それ以外は次のようである。宇津木悦子・板橋登美「登校を嫌がる女児とその母親──女児に対する遊戯療法と母親に対する社会治療の経過について」厚生省児童局（監修）『児童のケースワーク事例集』第9集、pp73-99、日本児童福祉協会、1957年。高木隆郎・他「長欠児の精神医学的実態調査」『精神医学』第1巻、pp403-409、1959年。鷲見たえ子・玉井収介・小林育子「学校恐怖症の研究」『精神衛生研究』通巻第8号、pp27-56、1960年。

　ところで、「鷲見たえ子」の読みは「すみ・たえこ」である。しかしながら、「わしみ・たえこ」と読み取っている著書・論文が余りにも多く、一部の博士論文にまで見られるほどである。精神科医であれ心理臨床家であれ、言葉をその職業の主要な道具の1つとする人が、このように、なぜかしばしば人名を読み間違えていることは、批判的検討に値する事象ではなかろうか。鷲見は、「レオ・カナーのいわゆる早期幼年性自閉症の症例」『精神神経学雑誌』第54巻、p566、1952年、をもって、わが国で最初に自閉症の子どもの報告をした専門家でもある。したがって「鷲見たえ子」が読めないということは、専門知識の不十分さの露呈でもあるように思われる。すなわち、これは、単なる固有名詞1つの読み間違えの問題なので

はなく、学界の緩さを暗示している問題であるのではないのだろうか。

7) 高木がこの概説において、岩田由子「学校恐怖症について」『小児科臨床』第13巻、pp1049-1055、1960年、を取り上げていないのは、同誌同巻同号pp1031-1039、に高木自身の論文「児童神経症の臨床」が掲載されているだけに、全く理解しがたい極めて奇妙なことである。この岩田論文には、わが国の不登校研究のその後を左右する「対照群との比較検討の必要性」という重大なモーメントが示されていた。なお、この「対照群との比較検討」をめぐる問題については、第3部第1章で論じたいと考えている。

8) 高木隆郎『児童精神科のお話』pp114-115、合同出版、1985年。

9) 注の6)を参照のこと。

10) 石坂好樹前掲「象徴としての登校拒否」p17。

11) 村田豊久「子どもの病態と治療構造——わたしの経験から」『児童青年精神医学とその近接領域』第30巻、pp121-132、1989年。

12) 同前、p128。

13) 下田光造によって、1919年に記述されたという「放縦児」に関しては、そもそもの引用者である村田豊久が出典を示しておらず、また私の調査も力及ばず、残念ながら原著を同定できなかった。

14) 村田豊久前掲「子どもの病態と治療構造——わたしの経験から」p128。

15) 清原健司「不良児・臨床例（二）」戸川行男（編）『臨床心理学』pp235-236、金子書房、1952年。なお原文は旧漢字である。

16) 大石武「明暗分けた二人の担任（「ひゅうまん」欄）」『朝日新聞（夕刊）』3月26日付、2001年。

17) 江藤淳『夜の紅茶』p169、北洋社、1972年。

18) 佐藤修策前掲『登校拒否ノート——いま、むかし、そしてこれから』pp304-305。なお前章第1部第1章の注の15）でも触れたが、朝鮮戦争は1953年には終わっているので、佐藤の記憶力にはいささか心配なところがある。

19) 斎藤清「児童福祉司の取扱った長期欠席児童の実態とその分析」『青少年問題』第6巻第8号、pp42-47、1959年。

20) 同前、pp46-47。

21) 生村吾郎「学校のやまいとしての登校拒否——学校はこどもたちをいじめている」河合洋（編）『いじめ——《子どもの不幸》という時代（メンタルヘルス・ライブラリー①）』pp68-70、批評社、1999年：原著1994年。

22) このあたりの考察に関しては、地域性に関する統制が十分とはいえない、という難がある。例えば、佐藤は岡山県岡山市、斎藤は栃木県鹿沼市・今市市・日光市その他、生村は兵庫県明石市、をそれぞれ中心としたエリアの話である。つまり、色々な地域の話によって全体がモザイク的に構成されている点に、私自身、問題がないとは思っていない。しかし、色々な地域の話ではあるが、相互に無矛盾的であり整合的であることをもって、ここに一考察として提出した次第である。

23) 短いものながら同様の考察が、奥地圭子によって行われている。奥地圭子『不登校という生き方——教育の多様化と子どもの権利』pp155-156、日本放送出版協会・NHKブックス、2005年、を参照のこと。

24) 佐藤修策「登校拒否症の心理臨床的研究」「はしがき」（ページなし）、（博士論文・広島大学・乙第1327号）、1985年。

25) 日本児童精神医学会の発足の経緯に関しては、次の諸文献を参照のこと。平井信義「児童精神医学会発会当時の思い出」『児童精神医学とその近接領域』第21巻、pp104-105、1980年；高木隆郎「記憶の断片——『児童精神医学とその近接領域』刊行会のこと」『児童精神医学とその近接領域』第21巻、pp106-110、1980年；高木隆郎「第1巻の編集事情（100号刊行にあたって）」『児童精神医学とその近接領域』第22巻、pp302-303、1981年；高木隆郎「児童青年精神医学の展開」京都大学医学部精神医学教室（編）『精神医学京都学派の100年』p35、ナカニシヤ出版、2003年。

26) 日本臨床心理学会の発足の経緯に関しては、次の諸文献を参照のこと。小島（山岸注：「小島」原文ママ）謙四郎・大塚義孝「臨床心理学者の全国組織の設立について」『臨床心理』第1巻第6号、pp50-54、1963年；村上英治「わが国における臨床心理学の発展（第1章）」玉井収介・小嶋謙四郎・片口安史（編）『臨床心理学の現状と活動（臨床心理学講座第4巻）』pp21-25、誠信書房、1968年；吉田昭久・他「日本臨床心理学会をひもとく　その1——日本臨床心理学会の歴史を語る」『臨床心理学研究』第37巻第4号、pp43-54、2000年。

27) ただし、日本臨床心理学会では1970年前後に深刻な内部対立が生じる。この対立は、臨床心理学は「クライアント＝される側」のためにあるべきものなのに現実はもっぱら「専門家＝する側」のために存在している、という若手からの異議申し立てに由来していた。学会の中心人物の1人として批判される立場にあった佐藤は、結局、退会に追い込まれたようである。

28) 平井信義前掲「児童精神医学会発会当時の思い出」p104。

【第1部関連年表】

1919年：下田光造による「放縦児」の記述

1935年：平田一成の小学校のクラスメートの不登校

1939年：江藤淳の不登校

1941～1945年（戦争中）：①日高敏隆の不登校／②平田の中学校のクラスメートの不
　　登校／③石井高明の中学校のクラスメートの不登校

1946年：日本国憲法＝保護者の教育義務、義務教育の無償制を定める

1947年：教育基本法＝義務教育の期間を9年間と定める

1947～1948年：大石武の不登校

1949年：石原慎太郎の不登校（休学）

1951年：小学4年生の生村吾郎、堂々と学校を休みジープでアメリカ博覧会を見物

1952年：清原健司「不良児」戸川行男（編）『臨床心理学』

1952、1953年頃：①「毎年120数名の不登校の生徒がいました。そのほとんどが漁師
　　の子弟で、われわれ教師は昼休みになると自転車で一勢に港に向かい、親とこども
　　たちを奪い合ったものです」（兵庫県の某老退職教師）／②淡路島西海岸の中学校に
　　は豊漁休日があり、また村の港に鰮の大群がくると役場のサイレンが鳴り教師は
　　「漁師の子は帰り」といった（生村吾郎）

1954年頃：「親も教師も、また一般の人々のあいだでも、『学校がきらいなら行かなく
　　てもよい』といった考え方が支配的であった」（佐藤修策）

1954年：平井信義、不登校の子どもと出会う

1954～55年：渡辺位、不登校の子どもと出会う

1956年頃：高木隆郎、不登校の子どもと出会う

1957年：宇津木悦子・板橋登美「登校を嫌がる女児とその母親」厚生省児童局（監修）
　　『児童のケースワーク事例集』第9集（インテークは1956年）

1958年頃：①淡路島西海岸の中学校で、村の港に鰮の大群がきても教師がそれを無
　　視するようになる／②社会的慣行であった農繁期休暇、豊漁休日などが学校や職場
　　から姿を消す

1959年：斎藤清「児童福祉司の取扱った長期児童の実態とその分析」『青少年問題』第
　　6巻第8号（分析対象期間は1953～1958年あたりと推定される）

1957～58年：佐藤修策、不登校の子どもと出会う

1959年：①高木隆郎・他「長欠児の精神医学的実態調査」『精神医学』第1巻／②佐藤
修策「神経症的登校拒否行動の研究」『岡山県中央児童相談所紀要』第4号

1960年：①日本児童精神医学会、発足／②鷲見たえ子・他「学校恐怖症の研究」『精
神衛生研究』通巻第8号＝「登校できる条件の下にありながら、登校を拒否し、あ
るいは自ら登校しようとしてもできない児童があるとすれば、それだけで問題であ
る」／③岩田由子「学校恐怖症について」『小児科臨床』第13巻

1961年：高校全員入学問題全国協議会結成＝高校全入運動

1962年？：関西臨床心理学者協会、発足。1964年に日本臨床心理学会へ。

結章

　第1部では、不登校研究の前史を展望した。主な論点を以下にまとめる。

　第1章では、まず「不登校は戦後の現象である」という通説の真偽を検証して、それが実は俗説に過ぎないことを明らかにした。すなわち、戦前・戦中期のクラスメートに不登校の者が居たとか、或いは戦前・戦中期に自分は不登校であったなどの証言から、「不登校は戦後の現象である」という言説は誤謬であった、と判断される。

　では、にもかかわらず、なぜ、そのような誤った言説が唱えられていたのか——これについては、不登校の子どもと専門家との「出会い」の時期をして、「不登校は戦後の現象である」とする言説が唱えられたものと思われる。すなわち、「出会い」の時期が「出現・発生」の時期に混同されるという錯覚がおかされていたものと思われる。

　第1章では、「不登校は戦後の現象である」という通説の検証に用いた諸証言の通覧から、さらにもう1点、既に戦前・戦中から教師が不登校の原因になっていた、ということを指摘した。この事実にこだわれば、わが国の不登校研究の学界において本人・家庭原因説が支配的だったことは、不当なことであったといえる。すなわち、わが国においては、「不登校は本人の性格と親の養育態度に問題があるから起こる」という本人・家庭原因説が、不登校の原因論として長らく支配的な地位に君臨していたのであるが、「既に戦前・戦中から教師が不登校の原因になっていた」という事実に照らし合わせると、それはむしろ専門家に不登校の子どもの心の声を聴き取ることが実はできていなかったことの、証のように思われる。

第2章では、わが国における不登校研究の生成までの経緯を展望した。

今日いう不登校の子どもは、戦前には「放縦児」と呼ばれていた。さらに戦後間もない時期には「不良児」とも呼ばれていた。いずれにおいても、不登校それ自体は、問題児の諸問題行動の1つという捉え方がなされていた。そもそも1950年代の途中までは、子どもが学校へ行っていないこと自体、社会的に大した問題ではないと考えられており、不登校（行けるはずなのに学校へ行っていない）であっても周囲から干渉を受けることはそうはなかった。今日いう不登校の子どもは長期欠席の子ども（傷病や経済的な理由や親の学校教育に対する無理解等で学校へ行っていない子ども）たちの中にいわば埋没していることができたのである。しかし、1950年代の後半頃、学校制度が絶対的、超越的な規範性を帯びるという社会的変化が起きる。いいかえれば、「学校へ行くこと」を自明視し「学校へ行っていないこと」を問題視する意識に、社会が覆われていったのである。この中で、不登校の子どもの存在が浮き彫りにされてきたのであった。

学校へ行く／行かないをめぐる法的な位置付けは、1950年代を通じて全く変化していない。その意味で、不登校の子どもたちを浮き彫りにしたのは、学校へ行く／行かないをめぐる社会的な捉え方、いいかえれば社会心情の変化であったといえる。

不登校の子どもたちが1950年代後半頃に浮き彫りにされてきたのにちょうどかぶさるようにして、1960年代前半には日本児童精神医学会や日本臨床心理学会の発足という出来事が生じる。発足したばかりの日本児童精神医学会や日本臨床心理学会は、自分たちに都合のよい研究材料として不登校の子どもに積極的に関わり、彼らを「治療し、よくする」ことを通じて、自分たちの有用性・効用を社会に示してゆこうとした、と考えられる。しかし学会－学界は発展したが不登校問題は混迷を続けている、という現実に行き着いているように思われる。不登校の専門家はうるおったものの、当事者はその恩恵をこうむってはいないのである。

第2部
本人・家庭原因説の主張と放棄

序章

　第2部では、わが国における本人・家庭原因説の主張と放棄について考察する。

　次に引用するのは、児童精神医学の市川宏伸が、2002年に一般向けに公刊した本の中に見られる論述である。市川は当時、東京都立梅ヶ丘病院の副院長であり、ほどなく院長になった人物である。梅ヶ丘病院といえば、周知の通り、子どもと若者に関する精神医療の、わが国における中心的な実践の場であった。市川のポスト、またその所属先の社会的位置付けから、引用文の内容は、不登校研究の学界のコンセンサスを得ている見解と見なして問題ないだろう。

　　　以前は、親の過干渉・過保護が原因であるとか、本人の性格が原因であると指摘されました。もちろん、それらは無関係ではありませんが、最近では、それは決定的なことではないと考えられています。むしろ、問題のない家庭の子どもに多いのです。[1]

　この論述からは、1960年前後に生成したわが国の不登校研究が、その後、「親の過干渉・過保護が原因であるとか、本人の性格が原因」であるという、すなわち本人・家庭原因説を中心に、展開されていったらしいことが読み取れよう。このことは、「わが国における不登校研究の歴史」について考察した清原浩、及び伊藤美奈子の研究に照らしてみても、果たして実際その通りであったことが確認できる[2]。

　しかしながら市川によれば、本人・家庭原因説は、結局は放棄されたの

だという。とすれば、わが国の不登校研究は、その生成から当面の間、本人・家庭原因説を中心に展開していったものの、それをその後どこかの時点で放棄するに至った、という大筋を持っていると考えられる。それでは、この、不登校研究の学界における本人・家庭原因説の放棄は、どのようにして生じたのであろうか。

まず第1章では、この問いに、事例研究という方法によってアプローチする。すなわち、かつて本人・家庭原因説を主張し、にもかかわらず同説の放棄に至った、代表性の認められる専門家を対象化し事例として取り上げ、分析をほどこす。ただし、それは事例研究ではあるが、手法は臨床的なものではなく、すなわち面接法や観察法ではなく、文献レビュー法である。このことによって、第三者による追加検証・再現検証が可能となる。事例研究対象者及びその周辺による第三者を意識した私に対する反論、それも可能である。

第1章には補論を加える。専門家によって本人・家庭原因説が主張されていたことは、それ自体、問題のあることだった。というのは、本人・家庭原因説は、クライアントである不登校の当事者を傷付ける性格の言説であり、不登校研究の専門家が大抵の場合、臨床家でもあったことを踏まえると、要するに、クライアントを癒すべき臨床家が理念とは全く逆にクライアントを傷付けている、という転倒が引き起こされていたのである。なぜ、このようなことが生じていたのか。補論では、この転倒の問題を、専門家の内面の問題として考察する。

次に第2章では、学界同様、やはりかつて本人・家庭原因説を主張し、にもかかわらず同説の放棄に至った文部省を考察する。文部省は主張主体であっても研究主体ではない。したがって、本研究がベクトルを向けている「不登校研究及び不登校論の研究」の対象とは必ずしもいえない。しかし文部省による本人・家庭原因説の放棄以降、専門家が不登校の原因を当事者の性格や育て方の「せい」にすることは不可能になったと思われ、その意味で、不登校をめぐる現実は、これを契機に大きく変質したと考えら

序章　83

れる。このように、文部省の影響力は無視できず、それゆえ文部省を研究対象から外すことはできないと考えた次第である。

【注】
1) 市川宏伸『思春期のこころの病気』p27、主婦の友社、2002年。
2) 清原浩「不登校・登校拒否に関する研究の系譜——概念規定をめぐる歴史的展開を中心に」『障害者問題研究』通巻第69号、pp4-7、1992年；伊藤美奈子「学童期・思春期：不登校」下山晴彦・丹野義彦（編）『発達臨床心理学（講座・臨床心理学5）』pp113-115、東京大学出版会、2001年。

第1章
学界における本人・家庭原因説の主張と放棄

……（山岸注：不登校が）全国で一〇万人ともいわれるほど増加し
（文部省平成八年度の学校基本調査）、また日常化してくると、も
はやそれを単に病的とみなす意見も説得力を失います。1)

――斎藤環・1998年

1. 小泉英二への照準

1.1.『児童（青年）精神医学とその近接領域』を用いたスクリーニング

　本章では、不登校研究の学界における本人・家庭原因説の放棄がなぜ生
じたのか、を事例研究という方法によって考察する。すなわち、①かつて
本人・家庭原因説を主張し、にもかかわらず同説の放棄に至った、②代表
性の認められる専門家、を取り上げて分析し、その放棄の理由の析出を試
みる。

　ここでは、分析対象事例として教育相談学・臨床心理学の小泉英二を取
り上げるが、それは大枠で次のような手順によっている。

1) わが国において質量ともに不登校研究が最も充実している集団は、そ
れをことさら学術的集団に限定しなくとも、日本児童青年精神医学会（1982
年までは日本児童精神医学会。それゆえ以下では日本児童（青年）精神医学会と記す
ことがある）であると思われる（この点については、第3部第1章の「4.1.」も参照
のこと）。

85

2) 私はその機関誌である『児童青年精神医学とその近接領域』(1982年まで
は『児童精神医学とその近接領域』。それゆえ以下では『児童(青年)精神医学とその
近接領域』と記すことがある)を読み進め、①「かつて本人・家庭原因説を主
張し、にもかかわらず同説の放棄に至った専門家」であり、②なおかつ
「代表性の認められる専門家」でもある人物が居ないか、を調査した。
3) 要するに、一種のスクリーニング(ふるい落とし)を試みたのであるが、
その結果、浮かび上がったのが小泉英二だったのである。
　項を改め、以下にもう少し具体的に述べよう。

1.2. 小泉の変説の典型性、及び専門家としての代表性

　不登校に関心を払いながら『児童(青年)精神医学とその近接領域』を読
み進めてゆくと、読者は、或る同一人物による、しかし全く整合性の無い、
次に引用するような発言に出会うことになるだろう(下線は山岸による)。

　　〈A〉神経症的登校拒否の場合、学校要因は誘因であって、真因は親
　　子関係ないし本人のパーソナリティにあるというのがわたくしのみか
　　たである。2)

　　〈B〉……日本の登校拒否はいろいろな要因が複雑にからみ合ってい
　　るので、親子関係とか学校状況とか、特にどれかの要因を強調するこ
　　とは妥当性を欠き、結局は、ケース一つ一つについてそのケースの場
　　合の要因のからみ具合を正確に見極めていくのが臨床家の役割である
　　と思います。3)

　以上は、いずれも、長く東京都立教育研究所に所属し、不登校の「治療」
に熱心に取り組んだ小泉英二による発言である。
　〈A〉が1978年11月4日の「第19回日本児童精神医学会総会シンポジウ
ム：思春期登校拒否の児童治療処遇をめぐって」、また〈B〉が1988年4

月26日の「第12回国際児童青年精神医学会セミナー：東京セミナー」におけるものである。いずれの集まりも既出の日本児童（青年）精神医学会の主催によるものであり、小泉は「教育相談」分野の代表として[4]、それらにシンポジストないしパネリストとして登壇し、不登校に関する自説を述べたのであった。

　しかしながら、①1978年と1988年とでは、小泉の発言内容は明らかに変質している。すなわち、小泉は「かつて本人・家庭原因説を主張し、にもかかわらず同説の放棄に至った専門家」に他ならない。いいかえれば、小泉は、本人・家庭原因説の主張と放棄をめぐって「典型的な専門家」となっている。

　のみならず、②小泉は、述べたように日本児童（青年）精神医学会の主催したシンポジウムやセミナーにおいて、発表者として登壇していたのであった。つまり、少なくとも当時は、わが国の不登校研究を代表する専門家の1人というふうに、不登校問題に造詣が深い集団から見なされていたものと考えられる。ゆえに、小泉は「代表性の認められる専門家」でもあったといえよう。

　以上のようにして、本章における分析対象事例として、小泉英二が取り上げられることになった次第である。

2. 小泉の本人・家庭原因説の成り立ち

　見たように、小泉は、1978年には、不登校をめぐって「学校要因は誘因であって、真因は親子関係ないし本人のパーソナリティにある」とする本人・家庭原因説を主張していた。しかし、それは、10年後の1988年には、「親子関係とか学校状況とか、特にどれかの要因を強調することは妥当性を欠き」とされ、つまりは放棄されることになったのであった。

　このように、結局は放棄される運命の小泉による本人・家庭原因説では

第1章　学界における本人・家庭原因説の主張と放棄　87

あるが、そもそもそれは一体どのようにして組み立てられたのであったろう。以下に、具体的に追って見てみることにしよう[5]。

1）小泉はまず「確かに、学校教育や教師の側の問題として反省や改善を必要とする問題はある」と述べている。

2）しかし小泉自身は、その「学校教育や教師」を問題視することはしない。

3）なぜならば、小泉によれば、「（山岸注：不登校の）小学校で1万人について2.7人、中学校で1,000人について1.7人という出現率（原文注：文部省の昭和51年度間長欠児の調査（山岸注：「年度間」原文ママ））からみても、学校や教師に原因があるというより、個人的要因が強いと考える方が妥当」だからである。

4）それゆえに「登校拒否とは究極するところ、症児のパーソナリティの問題であり、治療とはその再形成をはかることである」というふうに小泉の議論は展開されてゆく。

5）そして結論的に、「神経症的登校拒否の場合、学校要因は誘因であって、真因は親子関係ないし本人のパーソナリティにある」という〈A〉の発言が現れたのである。

3. 小泉は本人・家庭原因説をなぜ放棄したか

ちなみに、私の把握した限り、小泉は、このような本人・家庭原因説を、1971年[6]から1984年[7]まで、すなわち少なくとも約13年間は主張し続けている。しかしながら、結局、1988年頃、小泉は、彼なりの何らかの事情から、従来のその本人・家庭原因説を放棄しなければならなくなった、と見られる。

さて、この「彼なりの何らかの事情」なのであるが、これは結論からいえば、「不登校の増加」という事情＝現実であった、と思われる。手元に児童精神医学の渡辺位の手になる、ちょうどよい論述があるので、ここで引

用してみよう（下線は山岸による）。

　　1988年には"学校ぎらい"の実数が小学生では5,286人、中学生では32,725人となり、それぞれ5千人、3万人を超え、12年前の1.8倍、3.3倍であるという。[8]

　「1988年」は、見てきたように、小泉によるその本人・家庭原因説の放棄の年である。一方、この「12年前」の1976年＝昭和51年というのは、小泉が〈A〉の発言を行なう際に資料として用いた「文部省の昭和51年度間長欠児の調査」が行なわれた年に該当していた。そのことの確認を含めて、ここで、前節に立ち戻り、1978年の小泉が、〈A〉の本人・家庭原因説を一体どのようにして組み立てていたのか、を改めて見てみよう。

　注目すべきは、そこで、小泉が「小学校で1万人について2.7人、中学校で1,000人について1.7人という出現率からみても、学校や教師に原因があるというより、個人的要因が強いと考える方が妥当」というロジック、つまり「ごく少数の子どもしか不登校になっていないのだから、なる方に真の原因がある」というロジック[9]を用いて、本人・家庭原因説を組み立てていた点である。

　そう、ポイントは、この1978年には有効であった——というか実はそう見えただけなのだが——ロジックが、しかしながら1988年にはその効力を失ってしまった点にあった、と思われる。渡辺の指摘にあったように、1988年になると不登校の件数は以前に比べてずいぶんと増えていて、すなわち今や「ごく少数の子どもしか不登校になっていない」などとは到底いえなくなっていたのである。

　いいかえると、「ごく少数の子どもしか不登校になっていないのだから、なる方に真の原因がある」というロジックは、小泉による本人・家庭原因説の主張において、その要になっていたのであり、したがって逆にこのロジックが破綻してしまうと、本人・家庭原因説自体も主張できなくなって

しまう、ということがあったのである。すなわち、現実に「ごく少数の子どもしか不登校になっていない」などとはいえなくなってしまった1988年には、小泉はその本人・家庭原因説も放棄せざるを得なくなってしまったのだったろう。

　以上を要するに、1988年に生じた小泉によるその本人・家庭原因説の放棄は、それが要とするところのロジックを、不登校の増加という現実に突き崩されてしまったことによる、と考察される。小泉がその本人・家庭原因説を放棄するに十分な不登校の増加という現実が、1988年には生じていたのである。

4. 小泉の非例外性：平井信義との共通

　小泉がその本人・家庭原因説の主張に際して用いていたロジックは、同時代の1978年には、次に引用するように、児童精神医学の平井信義によってもまた用いられていた、と指摘できる。

> 社会が悪いことも指摘をしておかなければならないけれども、その子どもおよび両親の問題としてとらえなければ、解決の方法は見出せない。社会が悪ければ、多くの登校拒否児が現れるであろうが、その数の増加には著しいものがあっても、一つの学校のなかでは数人にすぎないという状態である。先生が悪い——と言いたくなるような例もあり、教師として好ましくない人物に担任されたという例もあるが、それならば、クラスに多くの登校拒否児が発生するはずである。しかし、そのような例はきわめて少ない。
> 　このように考えてくると、どこまでも、その子どもの人格およびその人格を育てた両親の問題としてとらえるべきであり、それによってのみ、解決の道が開かれる。[10]

しかし、例えば平井が1991年に公刊した著書には、次のようにある。これは、小学校1年生の時に不登校を起こした、平井の7番目の孫について述べたものである。

　　三年生になってから担任教師が代り、おおらかな人格の持ち主であったので、一日も欠席することなく張切って登校しています。このように、学校の教師によって登校を拒否する子どももいることを忘れてはなりませんし、全国的にも問題になっています。11)

　以上のように、1978年には「その子どもおよび両親の問題としてとらえなければならない」として、本人・家庭原因説を主張していた平井が、しかし、1991年には一転して反対の立場といえる教師原因説を主張するに至っている。要するに、平井においても、本人・家庭原因説は放棄されたのだといえる。

　平井もまた、小泉同様、代表性のある専門家であった。平井その人の代表性は、彼が逝去した折に、日本児童青年精神医学会の機関誌『児童青年精神医学とその近接領域』誌上に、臨床心理学の斎藤慶子による追悼文「平井信義先生を偲んで」12) と共に、彼の遺影までもが掲げられた13) ことに、さしあたり見て取れよう。或いは、わが国の不登校研究における平井の代表性については、彼が、1988年〜1989年に法務省が不登校に関する調査を行った際に、そのアンケートの作成や結果分析を任せられた専門家であった14) ことに見出せよう（この点については、第2部第2章の「4. 1.」も参照のこと）。

　このように、「ごく少数の子どもしか不登校になっていないのだから、なる方に真の原因がある」というロジックを用いた、本人・家庭原因説の主張と放棄は、小泉以外の代表性のある専門家にもまた、認められるものなのであった。すなわち、小泉は例外ではなかったのだということである。

第1章　学界における本人・家庭原因説の主張と放棄　91

むしろ、小泉や平井にあった代表性を踏まえると、このロジックは本人・家庭原因説が支配的であった時期の不登校研究の学界において、意識的無意識的に共有されていたものではなかったかとさえ思われてくるのである。

5. 小泉の問題点：レトリックと非科学性

　そもそも、「ごく少数の子どもしか不登校になっていないのだから、なる方に真の原因がある」というロジックは、果たして正当性を持っていたのであろうか。実は、このロジックには或る問題が内在していたように思われる。

　例えば、Q工場が排出する有害な煙によって空気が汚れていっている現実があるとしよう。しかし、この時、小泉が本人・家庭原因説の主張に際して用いていたロジックにならえば、1000人について数人の人しか体調を崩していないのであれば「真因」は体調を崩した人の身体機能や生活習慣などにある、ということになってしまう。そうすると、Q工場は煙を出し続けていてもよく、したがって空気も汚れていって構わない、ということにすらなってしまうわけである。

　すなわち、「ごく少数の子どもしか不登校になっていないのだから、なる方に真の原因がある」というロジックは、真理（truth）そのものというわけではなかったのである。

　では、何だったのか。

　結局のところ、それは、実質をともなわない表現上の言葉、すなわちレトリックであったものと思われる。

　このようなレトリックをこそロジックに用いた小泉の本人・家庭原因説というのは、すなわち、真理に支えられ客観的な正しさを指向した言説なのではなく、巧みなレトリックによって正しさをもっともらしく偽装した

言説であったといえる。いいかえれば、それは非科学的な一種の詭弁でしかなかったのである。

　そのようなものが、やがて放棄される運命をたどることになるのは、至極当然のことであったともいえるのではないだろうか。

6. 四日市喘息と不登校問題のアナロジー

　次に引用するのは、1983年10月2日の「第24回日本児童青年精神医学会総会シンポジウム：登校拒否と現代社会」の討論の中での、精神医学の小澤勲による発言の一部である（ちなみに同シンポジウムは、小泉が招集され登壇した1978年の「第19回日本児童精神医学会総会シンポジウム」以来、5年ぶりに不登校をテーマにして行われたものであった）。

　小澤によれば、小泉が用いたようなロジックは、実は、四日市喘息の裁判の過程においても見られたという（下線は山岸による）。

　　……（山岸注：不登校の）成因論、治療論について、一ついいたいことは、確かにある環境の中で反応する子と反応しない子がいると思う。ただこれと同じ論理が、四日市喘息の裁判の過程で、「なぜ一部の人だけが喘息になるのか、公害ではないのではないか」といったふうに出されたことを思い出す。[15]

　要するに、何らかの社会的問題が生じてくると、小泉のように、「少数の人しかならないのだから、なる方に悪いところがあるはずだ」というレトリックを弄する人があらわれるのは、それなりに起きることなのだ、と考えられる。この意味でも、やはり小泉は例外的存在ではなく、むしろ1つの理念型でさえあるといえるのかもしれない。

　「なぜ一部の人だけが喘息になるのか、公害ではないのではないか」と

いうロジックは、「四日市喘息＝大気公害」説を否定する側によって用いられたに間違いあるまい。つまり、それは、有害な煙を出している施設を擁護するために用いられたロジックであったと見られる。

これに照らして、小泉が、一体、誰のためにこのロジックを用いていたのかを類推してみると、それは「有害性を帯びている学校教育や教師」を擁護するために用いていた、と考えられる。実際、本章の「2.」で見たように、小泉は「確かに、学校教育や教師の側の問題として反省や改善を必要とする問題はある」と述べていた[16]のである。

このように見てくると、四日市喘息が「工場の問題」であったように、不登校問題が「学校教育や教師の問題」であった可能性が、否定できないものとして浮上してこよう。

7. 不登校を公害病とのアナロジーで捉えていた渡辺位

本章の最後に、不登校を公害病とのアナロジーで捉えた専門家を紹介しておきたいと思う。それは、児童精神医学の渡辺位である（渡辺については第1部第1章の「8.」に引用した恩田良昭による論述も参照のこと）。

その渡辺は、次のように述べているが、まず、渡辺の不登校論というのが、実は、単純な学校原因説ではないのだ、ということを押さえておこう（下線は山岸による）。

> 登校拒否は、A・M・ジョンソンが分離不安説を唱えて以来、原因として母子関係の心理的あり方が問題にされ、さらに父子関係、その他の家族との心理的力動関係、それぞれの家族の性格特徴、そして子ども自身の性格特徴や自我構造に関する研究や報告がなされてきた。これらは、いずれもそれぞれ個々のケースについてはその発現に不可欠な要因であることは否めないものと思われる。

しかし、あたかも公害病において発病に至った原因として、患者の体質や体力を問うに等しい観がないわけでもない。幼老で、体力がぜい弱なるがゆえの発病であっても、その体力に責任があるとすべきであろうか。体質や体力の個人差を考えるなら、多種多様な人々の住み得る環境条件を考慮すべきであろう。
　登校拒否に関しては、これと近似の状況が存在すると考えられ、本来、子どもの成長・発達を保障すべき保育所、幼稚園、各学校など、子どもを集団で教育（保育）する、いわゆる学校的状況をみるとき、種々の点で危機状況にあることは否めない。17)

　第1の下線部にあるように、渡辺は、「それぞれ個々のケースについては、家族関係や本人の性格といったものが不登校の発現の要因になっていることは否めない」という内容のことを述べているのであり、そのうえで、彼は、不登校の原因を主に学校に求める原因論を展開していたのである。このように、渡辺の不登校論というのは、実は単純な学校原因説ではないのである。
　それは、第2の下線部に見られるように、不登校を公害病とのアナロジーで捉えたものなのであった。つまり、渡辺というのは、いってみれば「不登校＝学校状況公害」説の立場だったのである。これは、小泉がその本人・家庭原因説の主張に際して、「四日市喘息＝大気公害」説を否定する側と同様のロジックを用いていたのと、鮮やかな対照をなしているといえよう。
　私なりにいいかえれば、渡辺は次のように述べている──学校は子どもにとって環境だが、空気汚染がみられる環境のように現代の学校状況には問題がある。それゆえ肺や喉などが弱ければ喘息になる人が出るように、家族関係や性格に弱いところがある子どもが不登校になるのは、現代の学校状況のもとでは当然だというふうに考えるべきであり、すなわち当事者の子どもの家族関係や性格の「せい」にするのではなく、空気汚染のある

環境のようになってしまっている現代の学校状況の方を問題視するべきなのだ。家族関係や性格に弱いところがある子どもであっても不登校を起こさないで済むように、何より学校状況の改善こそが優先されるべきなのだ、と──。

　端的にいえば、渡辺の不登校論というのは、「確かに不登校の当事者にも問題（悪いところ）はあるが、しかし学校状況が適切にならなければならないのは、それに優先されるべき問題である。その意味で当事者を責めるのはあたらない」という主張を軸にしたものと思われる。

　このような渡辺の主張は「べき論」であるといえなくもない。つまり、規範的だ、と。しかし、そもそも臨床というのは規範的な営みなのではないのだろうか。

　「ヒポクラテスの誓い」を持ち出すまでもなく、臨床的営為はクライアントの利益や福祉のためにある。なぜなら、臨床家にその居場所が用意されてあるのは、臨床家の存在に先だって悩みを抱えたクライアントの存在があったからである。いいかえれば、根元的原理的に「クライアントあっての臨床家」なのである。その意味で、臨床家はクライアントを第一義的に擁護しなければならない。当事者を責めたてることの不当性を鋭く指摘していた渡辺の不登校論は、この規範を真摯に或いは愚直に順守したものであった、といえよう。

　渡辺位の不登校論と小泉英二のそれは、それぞれ向こう岸に位置しているようなものである。実際、同時代を同じ関東圏に生きたふたりが直接、対立的に向き合うこともしばしばあったようである[18]。

　渡辺と小泉を対岸に分けていたのは、臨床の規範を生きるかどうかの違いであったように思われる。小泉が1980年代の後半には持ち前の本人・家庭原因説の放棄に及んだのに対して、渡辺の主張は2006年に至っても特に変わらなかった[19]。臨床の原則を踏まえた渡辺の規範的な不登校論の方が長い生命力を保っているのは、なんとも示唆的である。

【注】

1) 斎藤環『社会的ひきこもり――終わらない思春期』p38、PHP研究所・PHP新書、1998年。

2) 小泉英二「教育相談の立場から（第19回日本児童精神医学会総会シンポジウム：思春期登校拒否児童の治療処遇をめぐって）」『児童精神医学とその近接領域』第20巻、p35、1979年。

3) 小泉英二「教育相談の立場から見た不登校の問題（東京セミナー）」『児童青年精神医学とその近接領域』第29巻、p365、1988年。

4)「教育相談」分野の代表として招集された小泉であるが、しかし或る雑誌の「編者略歴」欄には「臨床心理学、学校カウンセリング専攻」と記されている（小泉英二・稲村博（編）『現代のエスプリ（特集：学校のメンタルヘルス）』第259号、表紙裏ページ、至文堂、1989年）。また、小泉はその諸論文において自らの営為を表わすものとして「治療」という言葉を積極的に用いている。ゆえに、「教育相談の小泉英二」との定義のみならず、「臨床心理学の小泉英二」と定義することも可能であると考え、ここでは「教育相談学・臨床心理学の小泉英二」と記してある。

5) 注の2）に同じ。その他、小泉英二（編）『登校拒否――その心理と治療』学事出版、1973年；小泉英二（編）『続・登校拒否――治療の再検討』学事出版、1980年、などでも同じ基調で不登校が論じられている。

6) 小泉英二「登校拒否をする子」小泉英二（編）『教育相談室』pp208-213、日本放送出版協会、1971年。

7) 毎日新聞社（編）『教育を追う　登校拒否の子』p178、1984年、毎日新聞社。

8) 渡辺位「不登校」清水將之（編）『改訂増補　青年期の精神科臨床』p50、金剛出版、1989年。

9)「ごく少数の子どもしか不登校になっていないのだから、なる方に真の原因がある」というロジックは、小泉英二「学校ぎらいの子どもの理解」上出弘之・伊藤隆二（編）『学校ぎらいの子ども（治療教育講座5）』pp27-29、福村出版、1980年、においても用いられている。注目すべきは、1978年の小泉と1980年の小泉とで、この点（本人・家庭原因説の主張における「ごく少数の子どもしか不登校になっていないのだから、なる方に真の原因がある」というロジックの使用）以外のところでブレがあることである。

　　すなわち、不登校の原因を本人・家庭に求める理由として、Ａ）1978年の小泉は、件のロジックの他に、①「神経症的登校拒否は、教師にとってまったく初めての

理解しがたいケースである（だから教師に反省を求めることは妥当ではない）」、②「登校拒否の治療が成功することにより、以前と同じ学校でも、毎日元気に通学できるようになるのである（だから本人・家庭こそが原因である）」と述べている。これに対して、B）1980年の小泉は、件のロジックの他に、①「狭義の登校拒否（山岸注：1978年には「神経症的登校拒否」といっていたもの）のケースは、知的能力も成績も中ないし上位の子に多く、学力の面でついていけないために学校をいやがるわけではないから（だから学校ではなく本人・家庭こそが原因）である」と述べている。

　このように、小泉は、1978年にも1980年にも本人・家庭原因説を主張しているのであるが、その主張理由として共通なのは「ごく少数の子どもしか不登校になっていないのだから、なる方に真の原因がある」というロジックだけなのである。それゆえ、このロジックこそは小泉の本人・家庭原因説の主張において要の役割を果たしていたと思われるのである。

　ところで、1978年の小泉が「登校拒否の治療が成功することにより、以前と同じ学校でも、毎日元気に通学できるようになるのである（だから本人・家庭こそが原因である）」と述べているのは、少々話がおかしいのではないのだろうか。なぜなら、「登校拒否の治療が成功」しなかった子どものことは一体どう考えればよいか、という問題があるからである。その子どもは、「学校教育や教師の側の反省や改善を必要とする問題」が温存されているゆえに、いまだ通学できないでいると考えられるのではなかろうか。本章で私は、小泉による本人・家庭原因説の主張には「実質をともなわない表現上の言葉」という意味でのレトリックが紛れ込んでおり非科学的であると述べているが、そのことはこの部分にも当てはまることである。

10) 平井信義『登校拒否児──学校ぎらいの理解と教育（平井信義の児童相談2）』p23、新曜社、1978年。

11) 平井信義『子どもを叱る前に読む本──やる気のある子に育てるには』p158、PHP研究所、1991年。

12) 斎藤慶子「平井信義先生を偲んで」『児童青年精神医学とその近接領域』第48巻、pp75-78、2007年。

13) 『児童青年精神医学とその近接領域』第48巻第1号、写真製版ページ。

14) 平井信義「不登校児人権実態調査報告（参考）」法務省人権擁護局（監修）・法務省人権擁護局内人権実務研究会（編）『不登校児の実態について──不登校児人権実

態調査結果報告』、大蔵省印刷局、1989年。

15）日本児童青年精神医学会「第24回日本児童青年精神医学会総会シンポジウム：登校拒否と現代社会」『児童青年精神医学とその近接領域』第25巻、p96、1983年。

16）「確かに、学校教育や教師の側の問題として反省や改善を必要とする問題はある」と述べていた小泉が、にもかかわらず不登校の原因を「学校教育や教師の側」に求めなかったのは、なぜか。この欺瞞的で矛盾した振る舞いは、小泉に内面化されていた「学校教育や教師に対する仲間意識」に起因していたものと思われる。

　　というのは、彼が或る座談会で次のように発言しているからである。「私は、教育のほうの出身でしょう。だから学校教育なり先生というのは、仲間なんです。……登校拒否の出現率からみても、多くみても千人に対して数人だと思うんです。／まあ、学校教育に問題があるというのは、私もある程度は認めていますよ。けれど、実際にその学校の教育体制・社会体制の中で、キビキビと生き抜いている子もいるわけでしょう」（小川捷之・小泉英二・神保信一・平井信義・渡辺位「座談会＝学校ぎらいにさせないためにどうしたらよいか」稲村博・小川捷之（編）『学校ぎらい（シリーズ・現代の子どもを考える⑨）』pp177-178、共立出版、1982年）

　　しかし、このような、クライアントである不登校の当事者をないがしろにしつつ、第三者である「学校教育や教師」をこそ擁護していた小泉の振る舞いは、いうまでもなく臨床の規範に背いたものである。

　　なおちなみに、小泉がいう「仲間」は、例えば今井五郎、永瀬純三、西君子といった教師たちである。これらの人々にはそれぞれ次のような不登校関係ないし教育関係の著書がある。今井五郎『ガラスのふれあい――ある登校拒否生徒の軌跡』第一法規出版、1987年；永瀬純三・園田匠・伊藤智章（編）『学校経営に生きる武将逸話思考』ぎょうせい、1988年；西君子『登校拒否の理解と学校対応――本人・親・学校態勢・治療機関』教育出版、1990年。

17）渡辺位「病院における治療」内山喜久雄（編）『登校拒否』pp165-166、金剛出版、1983年。また、渡辺位「青春期の登校拒否」『臨床精神医学』第5巻、p1258、1976年、にも同様の主張が見られる。

　　なお、1980年代半ばの時期までに、渡辺同様に本人・家庭原因説を明確に相対化する立場をとった専門家として、精神医学の小澤勲、臨床心理学の渡部淳、精神医学の石川憲彦、児童精神医学の河合洋といった人たちの名前があげられる。小澤は、日本児童精神医学会「第19回日本児童精神医学会総会に向けての予備討論――思春期登校拒否児童の治療・処遇をめぐって」『児童精神医学とその近接領

第1章　学界における本人・家庭原因説の主張と放棄　99

域』第19巻、pp246-266、1978年、の中でこの立場を明らかにしている。また、他の専門家はそれぞれ次のような論文・著書を通じて、本人・家庭原因説の相対化の立場を表明している。渡部淳「『登校拒否』概念の見直しを」『臨床心理学研究』第23巻第2号、pp44-52、1985年（なおこの文献は序論で先行研究として触れたものである）；石川憲彦『子育ての社会学』朝日新聞社、1985年；河合洋『学校に背を向ける子ども──なにが登校拒否を生みだすのか』日本放送出版協会・NHKブックス、1986年。

18) 例えば小泉は、小川捷之・小泉英二・神保信一・平井信義・渡辺位前掲「座談会＝学校ぎらいにさせないためにどうしたらよいか」p177、で次のように述べている──「私はいつも渡辺先生と反対の立場にいるわけなんですが…（笑）」。

19) 渡辺位『不登校は文化の森の入口』東京シューレ出版、2006年。

第1章補論
なぜ本人・家庭原因説は主張され続けたか
―――――専門家に内面化された学校教育への親和性

> 児童精神科医の大先輩である故H先生が、かつて私に「登校拒否
> 児がなぜ学校に行けないのか、私には本当のところ、よくわから
> ないんだよ。あんなに楽しいところに行けないなんて、やっぱり
> 病気だよなあ」と言われたことがある。H先生の登校拒否＝うつ
> 病論の背景は、案外こんなところにあったのかもしれない。[1]
>
> ――小澤勲・1990年

1. 臨床家がクライアントを傷付けていた

　不登校研究の専門家というのは、同時に臨床家でもある場合が一般的であ
る。したがって、専門家による本人・家庭原因説の主張が当事者を傷付けて
きたということは、つまりは臨床家が不登校の当事者というクライアントを
傷付けてきた、ということになる。すなわち、クライアントを癒すべき臨床
家こそが、理念とは全く逆にクライアントを傷付けてきたというわけである。
　このような転倒は、なぜ生じていたのであろうか。

2. 専門家に内面化されている学校教育への親和性

　精神医学の大高一則が次のように述べている。

高学歴社会の中での一応の成功者である医師・心理臨床家・教師などが、強迫的ともいえる高学歴志向の価値観から抜けでることは、それに縛られにっちもさっちもいかなくなっている登校拒否の青年と同様に難しい作業である。2)

　大高はこれを一般論として述べているものと見られる。では、この一般に医師や心理臨床家（や教師）に内面化されていると見られる「抜けでることの難しい高学歴志向の価値観」は、不登校論－原因論にどのように反映されるのか。
　再び大高を引くと、上に引用したのとは別の文献で、次のようにも述べている。

　私は医師である。高学歴の恩恵を享受している代表ともいえる。学校へ行かずに生き生きとした生き方をしている多くの子どもたちを診察していても、学校に代表される日本の「学校的」生き方を否定されると無意識の不安が生じる。3)

　これは一種の内面告白といえよう。すなわち大高は、高学歴の恩恵の享受者である自分たち医師には、それゆえに学校教育への親和性の内面化があり、そして、だから、非ないし反学校教育的である不登校の子どもを「無意識」に否定的に捉えてしまうのだ、と告白しているわけである。
　このようなことは、心理臨床家にも当てはまるのではないだろうか。なぜなら、心理臨床家も一般に高学歴であり、また精神科医などと同じような立場にあって同じような営みをしているからである。実際、臨床心理学の飯長喜一郎も或るシンポジウムで次のように述べている。

　登校拒否という子どもに会うと、自分の学校観が揺らぐんです。学校

のおかげで、あるいは高学歴のおかげで、飯を食わせてもらってきた自分があるわけです。最初の頃はずいぶんとどうしていいのかわからなくて、ウロウロした時期がありました。[4]

　これも一種の内面告白であり、いっていることは大高と同様である。恐らく、心理臨床家にも、高学歴の恩恵の享受者ゆえの学校教育への親和性の内面化があるのである。そしてまた、だから、非ないし反学校教育的である不登校の子どもを無意識的に否定的に捉えてゆくということも。
　次に引く小児科学の冨田和巳においても、大高や飯長と発信のベクトルこそ違っているかもしれないが、内面化という点で同様の、学校教育への親和性が確認できる。

　　一般的によく受け入れられている「学校に行かないことを賞賛する論」に賛同しない。医師は自分自身が高学歴をもって仕事をし、わが子にも高学歴を期待している。[5]

　要するに、学校教育への親和性が内面化されている医学や臨床心理学の専門家においては、ついつい、或いはおのずと、学校教育に対してネガティブな学校・教師原因説が退けられ、同時に学校教育や教師の擁護につながる本人・家庭原因説がせり上がってくるのではないか、と考えられる。それゆえに、わが国の不登校研究を主にになってきた児童精神医学や臨床心理学の専門家の多くによって、本人・家庭原因説が根強く熱心に主張され、またしたがってそれが支配的な原因論として長期にわたって君臨するという状況が続いたということもあったのではなかったか。
　しかし、そもそも本人・家庭原因説の主張それ自体が、実は不登校の当事者を傷付ける行為なのであった。こうして、結局、不登校の当事者が専門家によって傷付けられる、という奇妙な事態が生じたのではなかったか。
　専門家によって不登校の当事者が傷付けられてきたということ、或いは

臨床家によって不登校の当事者というクライアントが傷付けられてきたということ、さらには専門家が当事者をさておいて第三者である学校教育をこそ優遇してきたということ——このような理念とは裏腹の転倒した現象が、時に破局的な悲劇となって、わが国の不登校研究の歴史には刻み込まれている。この理念転倒の問題は、記憶にとどめられなければならない。[6]

【注】

1) 小澤勲「ほとんど登校拒否」『あも』第1巻第3号、p23、メディカ出版、1990年。なお、小澤のいう「故H先生」だが、私個人は、堀要であると考えている。イニシャルの一致の他、堀要「登校拒否と抑うつ状態（第2回児童精神医学会一般演題抄録・討議）」『児童精神医学とその近接領域』第3巻、p41、1962年、という論文（抄録）があること、また堀の他にはわが国において特に「不登校＝うつ病」論を主張した専門家を見出せないことが、その理由である。

2) 大高一則「青年期の登校拒否——個人精神療法に関しての一考察」若林慎一郎（編）『青年期の病理と治療』p158、金剛出版、1992年。

3) 大高一則「児童・思春期クリニックの現場から」『こころの科学』通巻第87号、p65、日本評論社、1999年。

4) 原種孝・他「『登校拒否』にとって、相談活動とは？（〔分科会Ⅲ〕の記録）」『臨床心理学研究』第26巻第4号、p69、1989年。

5) 冨田和巳「不登校」『小児科診療』第63巻、p1490、診断と治療社、2000年。

6) 本補論は、広田照幸『陸軍将校の教育社会史——立身出世と天皇制』世織書房、1997年、に影響を受けている。広田は、従来の教育学研究（特に教育史研究）の問題点として被教育者側の内面へのまなざしの不在化を指摘し、被教育者側の内面を研究対象の1つとした。広田が登場させたこのような研究視点に示唆を受け、本補論における専門家の内面の対象化は行われた。

第2章
文部省による本人・家庭原因説の主張と放棄
―――社会史的視点からの考察

　文部省が設置した「学校不適応対策調査研究協力者会議」は、一
九九〇年一一月に「中間まとめ」を出して……まるで人ごとのよ
うにさらりと事実認識の重大な転換を書き流しているけれど、文
部省とそのお声がかりで集まる「協力者」たちが、それまでどの
ような「登校拒否」像を描き続けていたか。また、そのことによ
って、学校へ行かない子どもとその親たちがどれだけ深い孤立を
余儀なくされていたか。1)　　　　　　　　　　――山田潤・1998年

　登校拒否、不登校という事態はいまや、誰にでも起こりうるとい
うことで共通の認識ができましたね。その崩壊の仕方は悪くない
なと思います。
　だけれども、それだけでは不十分で、(山岸注：文部省は)子供
の資質や家庭の問題に帰着させていくだけの今までの考え方は
間違っていた、申し訳なかった、というふうに言わなければいけ
ない。2)　　　　　　　　　　　　　　　　　――芹沢俊介・1999年

1. 文部省による本人・家庭原因説の放棄に対する考察の重要性

　実は文部省も、専門家と同様、やはり本人・家庭原因説を主張し、にも
かかわらず同説の放棄に至った主体である。そのことは、例えば次に引用

105

する田口教育研究所所長の田口正敏の論述に確認できる（なお田口が文部省による本人・家庭原因説の放棄を「1992年」としているのは、文部省学校不適応対策調査研究協力者会議の「最終まとめ」3) が提出された年をもってのことと思われる。しかし「様々な要因が作用すれば不登校はどの子どもにも起こり得る」という視点は、すでに1990年の「中間まとめ」4) の段階で示されていたので、本研究では1990年をもって文部省の変説の年としている）。

　　……原因に関して文部省の過去の発言を振り返ると「児童・生徒の性格や家庭の養育態度に問題がある」と断定しておき、その後一九九二年に「不登校はだれにでもおきうる」とその見解を転換させた。過去の結論に対する考察がいっさいなく一八〇度異なる断言をできる文部省の報告には苦笑いがでたのをいまだに覚えている。5)

　もっとも文部省は主張主体であっても研究主体ではない。その意味では、本研究がベクトルを向けている「不登校研究の研究」の対象には、必ずしも該当していない。しかしながら、その本人・家庭原因説の放棄は、専門家に大きな影響を及ぼしたはずである。
　文部省の考えと齟齬の生じた本人・家庭原因説の主張は、単純に心理的圧力を感じるものになったはずであるが、次のような臨床にからむ事情もあっただろう。例えば専門家が臨床場面で、かつてよくやっていたように当事者に向かって「子育ての仕方を反省してみましょう」との言葉を投げ付けたとしよう。しかし、そうすればクライアントの彼・彼女から、たちまち「今は文部省だって不登校は誰にでも起きるっていってる時代ですよ。先生は、ちょっと古いんじゃないんですか」などというリアクションをこうむるように変わったと思われる。すなわち、文部省による本人・家庭原因説の放棄以降、専門家は臨床的にも不登校を当事者の性格や育て方の「せい」にすることが、できなくなってしまったのであっただろう。
　このように、文部省による本人・家庭原因説の放棄は、専門家の不登校

臨床をも変質させ、ひいては学界における本人・家庭原因説の放棄を決定的なものにしたと考えられる。以上から、文部省による本人・家庭原因説の放棄に対する考察は、重要であると思われる。

2. 不登校の増加だけが文部省の本人・家庭原因説の放棄の理由か

　文部省による本人・家庭原因説の放棄をめぐっては、「文部省は不登校の子どもの増加によって、不登校は誰にでも起きるというようになった（したがって本人・家庭原因説は放棄された）」という解説がなされているのをしばしば見かける。例えば以下のようにである。

　　〈A〉「どの子にも起こり得る」という認識の基礎になったものは、たぶん、登校拒否の増加があると思われる。[6]

　　〈B〉平成二（一九九〇）年に文部省がとうとう「登校拒否はどの子にも起こり得る」との見解を示すに及んだのも、こういう（山岸注：輪郭解体をともなう不登校の増加という）事態の帰趨だろう。[7]

　　〈C〉……不登校の増加とそれへの処方の困難が明らかになるにしたがって、不登校は例外の事例ではなくて誰にでも起きる可能性があると関係機関が宣言すると……[8]

　引用文は、それぞれ、〈A〉が臨床心理学の佐藤修策、〈B〉が精神医学の滝川一廣、〈C〉が臨床教育学の皇紀夫によるものであるが、このような不登校の増加を引き合いに出した本人・家庭原因説の放棄の理由説明というのは、その実、文部省自身がさりげなく行っているものでもある。以下は、1998年に文部省初等中等教育局が発行した『生徒指導資料第22集　登校拒

否問題への取組について——小学校・中学校編』からの引用である（下線は山岸による）。

　　特徴的な考え方として、昭和60年代の初期までは、登校拒否は特定の児童生徒に起こる現象であるとされ、次のような認識傾向が見られたのである。
　　①　登校拒否は、本人の性格に起因すると考えられた。不安傾向が強い、適応性に欠ける、社会的・情緒的に未成熟であるなど、登校拒否を起こしやすい性格があって、それが何らかのきっかけにより登校拒否になるというものであった。
　　②　登校拒否を起こしやすい児童生徒の性格は、家庭に起因すると考えられた。そのため親の教育態度の改善を重視することが多かった。
　　③　登校拒否を一種の心の病ととらえる傾向が見られた。閉じこもり・家庭内暴力・昼夜逆転の生活など登校拒否の状態は、精神分裂病・うつ病など精神病の初期症状とみなされる場合があり、その対応には精神科医や臨床心理士などとの連携も必要というものであった。
　　このように、従来は登校拒否となった児童生徒本人の性格傾向などに何らかの問題があるという認識が一般的であった。つまり、登校拒否は「特定の児童生徒の特有の問題があることによって起こる」と考えられていたのである。
　　……
　　前述のように文部省では、登校拒否児童生徒が著しい増加傾向にあるという状況を踏まえて、平成元年7月に学校不適応対策調査研究協力者会議を発足させ、登校拒否問題に関する基本的な対策について総合的・専門的な観点から検討を行なった。その結果、平成4年3月に会議報告『登校拒否（不登校）問題について——児童生徒の「心の居場所」づくりを目指して——』が取りまとめられた。
　　この報告では、登校拒否を「特定の子どもに特有の問題があること

によって起こる」という従来の固定的な観念でとらえるのではなく、様々な要因が作用すれば「どの子どもにも起こり得るものである」という視点でとらえて指導・援助することが必要であるとしている。9)

　引用文の第2の下線部にあるように、文部省は「登校拒否児童生徒が著しい増加傾向にあるという状況を踏まえて、平成元年7月に学校不適応対策調査研究協力者会議を発足させ」などとして、つまり、さりげなく、不登校の増加に、その本人・家庭原因説の放棄の理由があるかのようなことを述べている。

　しかし、では、なぜ不登校の子どもが増加すると、文部省が本人・家庭原因説を放棄するのか——よく考えてみると、分かったようで分からない。前章で見た小泉英二と同じように、その本人・家庭原因説がロジカルに破綻してしまったのかというと、もともと文部省の本人・家庭原因説は理論を伴ったものではなく、決めつけの言葉を書き付けただけのものなので、そういうことはあり得ない。

　思うに、皇による論述に若干示唆されているといえるが、恐らく、行政機関である文部省が、不登校の増加という従来とは違った現実に直面させられ、すなわち従来とは違った施策の実施を迫られ、これに伴って関連する見解も変更された、というふうに理解しておくのが妥当なところであろう。とはいえ、不登校の増加だけが、文部省による本人・家庭原因説の放棄の理由なのだろうか。

3. 朝倉景樹の先行研究：当事者運動と文部省の変説

　教育社会学・都市社会学の朝倉景樹による研究は、不登校の増加だけが文部省による本人・家庭原因説の放棄の理由ではないことを教えてくれるものである。

第2章　文部省による本人・家庭原因説の主張と放棄　109

朝倉は構築主義の視点、すなわちキツセ（Kitsuse, J. I.）とスペクター（Spector, M. B.）に忠実な「クレイムやそれをめぐる問題が定義され、再定義され、ある参加者のグループから他の参加者のグループへと引き継がれて、展開していく過程を描き出す」という視点に基づいて、文部省による本人・家庭原因説の放棄を考察[10]し、次のように述べている（なお朝倉の言葉によれば「性格異常」説の放棄ということになっているが、これは本研究でいう本人・家庭原因説の放棄と捉えて差し支えない）。

　　登校を前提としているとはいえ、〈登校拒否〉を「性格異常」と捉えていた文部省が「登校拒否を一種の克服困難な病状とのみとらえることは適切でない」と見解を変えることに「登校拒否を考える会」や「学校外の居場所」などの活動が成功したことになる。[11)12)]

　このように、朝倉の研究は、文部省による本人・家庭原因説の放棄が、「不登校の増加」といういってみれば静的で抽象的なもののみによってではなく、当事者を中心とした「活動」という動的で具体的なものによってもまた、引き起こされていたのだということを教えてくれている。いいかえれば、朝倉の研究は、文部省による本人・家庭原因説の放棄というのが、具体的な社会（史）的文脈の中で生じたのだ、ということを明らかにしているのである。
　ただ、それだけだったのだろうか。その他に、文部省に本人・家庭原因説を放棄させるような社会的な何かが起きていたということはなかったのか。

4. 法務省の動向

4.1. 法務省による「不登校児人権実態調査」とその独自性
　実はこの時期、すなわち1989年9月には、法務省人権擁護局から「不登

校児人権実態調査」という調査の結果発表が行われていた。この調査結果の概要の「まとめ」の中に、次のような論述が見られたのは、注目に値することである（下線は山岸による）。

　　　学校に行けなくなった原因としては、友達関係を挙げた者が最も多く、次いで、勉強・学業関係と先生・学校関係がほぼ同数、家庭関係がこれに次ぎ、給食関係の回答は少なかった。[13]

　すなわち、法務省からは、不登校の原因は「先生・学校関係」にも十分に求められる、という調査結果が公表されたのである。これは、いうまでもなく、従来、文部省が主張していた本人・家庭原因説と明らかに矛盾するものであった。
　このような調査結果が出たのは、「アンケート調査項目の作成とその調査結果の集計」を依頼され担当した児童精神医学の平井信義（第2部第1章の「4.」も参照のこと）が述べているように[14]、この調査に「従来不足していた子ども自身を対象とした」という特徴があったからであると思われる。
　つまり、この調査には、不登校の子どもたちの本当の心の声がすくい取られるような仕組みがあったのである。このような「従来」との違いから、結局、意外な結果がもたらされたのであったろう。

4.2. なぜ法務省の調査は実施されたか

　そもそも、このような調査は、なぜ実施されたのか。「不登校児人権実態調査」の結果や平井によるコメントを掲載した単行本『不登校児の実態について』は、その冒頭、次のように書き起こされている。

　　　不登校児については、近年その大幅な増加が報告されるとともに、その自殺や民間施設での体罰死も報道され、大きな社会問題となってきています。[15]

第2章　文部省による本人・家庭原因説の主張と放棄　111

この叙述には目をこらさなければならない。1980年代後半当時、不登校という事象をめぐっては、①「増加」ということが特記事項化していたのであるが、それだけでなく、実は②「自殺や民間施設での体罰死」ということも特記事項化していた、というのである。

　法務省人権擁護局による「不登校児人権実態調査」のアンケートは、「各法務局・地方法務局管内において」不登校の子どもが「通園等をしている」官民の施設、及びそれを経由して「子ども自身」に依頼されたものである。この点を踏まえると、「自殺」よりもとりわけ「民間施設での体罰死」を意識した調査ではなかったかと考えられる。

　時期で見ると、「不登校児人権実態調査」は、発表前年の1988年11月から12月にかけて実施されている。実は、この前年の1987年6月には、不登校関係の民間矯正施設であった「不動塾」で、そこを逃げ出した子どもが塾長及び他の入所者から殴打され死亡するといういたましい事件が発生していた。恐らく、具体的直接的にはこの事件を意識しつつ、不登校の子どもの居場所となっている施設の実態把握を目論んで、「不登校児人権実態調査」は実施されたものと思われる。

　すなわち、法務省による不登校問題－教育問題への介入は、不登校という常識的に考えれば死には値しない理由で若者が殺されたことと、そのような余りにも不条理な若死にが社会に与えたインパクトに基づいて行われた、と考えられる。

　ただし、不動塾の体罰死事件は、1979年から1982年にかけて複数の死者・行方不明者を出した戸塚ヨットスクールの流れの延長線上に起きた事件とも位置付けられる16)。つまり、不動塾の体罰死事件それだけで、というより、不登校の子どもに対する暴力や人権侵害が積み重なって社会問題化してきて、とうとう行政――すなわち暴力事件や人権侵害の「当局」である法務省が、不登校の子どもの居場所となっている施設の実態を見過ごすことができなくなった、というふうに押さえるのが妥当なところである

だろう。

　もっとも、逆にいえば、見過ごすことができなくなったから行政当局－法務省もようやく重い腰を上げた、それまでは決して動かなかった、ということでもあるのだが[17]。

4.3. 行政当局が明らかにした「教師や学校も不登校の原因」

　私の見るところ、この法務省人権擁護局による「不登校児人権実態調査」は、文部省に先がけて「不登校」という用語を用いた点に関する言及等はあるものの、従来、価値的には余り評価されていないようである[18]。不登校の子どもが通うフリースクールの「東京シューレ」を主宰する奥地圭子などは、以下に引くように批判的でさえある。

　奥地によれば、法務省人権擁護局から協力を求められたものの、同じ時期、自分たちでも自分たちなりのアンケートを行なっていた東京シューレの子どもたちは、「子どもは学校へ戻るべきだという前提で作ってある点を疑問として、項目が一方的だ」という理由で、協力をことわったという[19]。そして、奥地は、次のように述べている。

　　発表になってから、「やっぱり、子どもたちがことわって正解だった」と思いました。
　　というのは、分析者（平井信義氏）のまとめがついていて、「登校拒否児には、自立性の発達に遅滞がみられる」とあったからです。……
　　自立性の発達遅滞児が、どうして、あなた方と平行してこれだけのアンケートをやりあげることができたの、と。[20]

　奥地のいうことはもっともであるが、しかし一方で私は、この法務省による調査にも大きな意義があったと考える。記してきたように、この「従来不足していた子ども自身を対象とした」調査を通じて、不登校の原因が「先生・学校関係」にも十分に求められる、ということが明らかにされた

からであるが、しかし、それだけではない。

　これは法務省という行政当局が実施主体になって行われた調査であり、したがって、その結果は「公的」な重みを持つものとなったはずなのである。つまり、調査結果が発表された1989年9月には、「不登校の原因は教師や学校にも十分に求められる」ということが行政当局によって公的に明らかにされたのだ、といえるのである。

5. 稲村批判と学校不適応対策調査研究協力者会議の発足

5.1. 1988年の稲村批判

　ところで、では、文部省そのものの方はどうだったのだろうか。本章の「3.」に引用した朝倉の論述にあったように、実は、1980年代の後半の時期、文部省は、「『登校拒否を考える会』や『学校外の居場所』などの活動」に見舞われていた。

　ことの発端は、1988年9月16日付けの『朝日新聞（夕刊）』である[21]。その1面トップに、当時、筑波大学助教授であった精神医学の稲村博をニュースソースにした「登校拒否症はきちんと治療しておかないと、20代、30代まで無気力症として尾を引く心配が強い」という内容の記事が掲載され、これをもとに多極的な稲村批判が展開されることになっていったのである。

　稲村批判は次のように展開されていった。まず時を置かず10月24日付けの『朝日新聞（朝刊）』の「論壇」欄に当時所沢市嘱託スクールソシアルワーカーであった山下英三郎による反論「登校拒否は治療の対象か──病理としてのとらえ方には異議」が届けられ、続けて11月12日には東京都千代田区の日本教育会館で登校拒否を考える緊急集会実行委員会の主催による不登校の当事者・関係者を中心にした集会、すなわち「えっ、『早期完治しないと無気力症に』ですって」が開催され[22]、さらには日本児童青年精神医学会が学会として会員である稲村の不登校論および臨床活動を批判的

114　第2部　本人・家庭原因説の主張と放棄

に点検する活動を始めたのであった23)。もっとも、これ以前にも、当時TBSに所属していた（後に千葉県知事となる）堂本暁子など、ジャーナリズムによる稲村の病院臨床の人権侵害性に対する批判24)も見かけられていた。

ともあれ、それらは時に触れ合い共鳴して、稲村に対する批判は恐らくは誰の予想をも超えて盛り上がっていったのである。

このことが文部省にとって問題だったのは、稲村が、当時の文部省の不登校見解に深く関わっていたからである。稲村に対する批判の盛り上がりは、そのまま文部省に対する批判の激化を意味していた。

5.2. 1984年及び1987年の稲村と文部省との深い関わり

文部省と稲村の関係を見ておこう。

文部省の不登校見解を、最も継続的かつ量的にも豊富に記してきた媒体は、本章の「2.」にも引用した、同省初等中等教育局が発行する『小学校生徒指導資料』、『生徒指導資料』（山岸注：中学生対象）、『生徒指導研究資料』（山岸注：高校生対象。なお『生徒指導資料』と『生徒指導研究資料』は共通になっている場合もある）であるだろう25)。

しかしながら、これらの手引書では、誰が何について書いたのかが分からないようになっている。手引書を作った人たちの名は、「本書の作成に関する協力者」などの名目でまとめて記されてはいるが、執筆分担が明らかにされていないからである（ちなみに、この執筆者の匿名性という特徴は、学校不適応対策調査研究協力者会議の「中間まとめ」及び「最終まとめ」においても同様である）。

ただ、この一方で、文部省は、社会教育局、及びそれが名称変更した生涯学習局が発行する手引書を通じても、その不登校見解を示していた。具体的には『現代の家庭教育』というものであり、「乳幼児期編」、「小学校低・中学年期編」、「小学校高学年・中学校期編」があるのだが、やや意外なことに、こちらの方では、執筆分担が明らかにされているのである。

そこで、試しに、稲村の一件が起きる前年の、1987年に発行された『現

代の家庭教育——小学校低・中学年期編』を開いてみると、その「第2章」の中に「18　登校拒否」という項目があり、原因について次のように論述されているのである。

　　登校拒否の原因についてはいろいろな説があり、必ずしも単純ではないのですが、一応次のように考えることができます。一般に問題行動は、準備状態があり、そこへ契機（きっかけ）が加わって発生します。原因という場合にはこれら両者を指しますが、大事なのは前者です。準備状態は本人の要因（本人の性格、生活史など）、家庭の要因（親の性格、養育態度など）、社会の要因（学校、地域社会の特徴など）からなり、これらが相互に働きあって原因をつくるのです。26)

　そして、この項目の最後には「（稲村）」という記名があるので、これを巻末の「家庭教育に関する資料作成のための懇談会協力者」を照らし合わせると、この「（稲村）」が、当時、筑波大学助教授であった稲村博であったことが、判明するのである。要するに、1987年の文部省社会教育局による不登校の原因論は、稲村の学説にしたがったものだったわけである。
　この1987年の文部省社会教育局による不登校の原因論は、従来の本人・家庭原因説とはひと味違っている。というのは、「本人の要因」、「家庭の要因」とならんで「社会の要因」が、不登校の原因にあげられているからで、それゆえ、これは純粋な本人・家庭原因説ではない。しかし、文部省自身が従来の見解との違いに触れていないことから、これが文部省による本人・家庭原因説の放棄と受け取られることはなかったし、文部省自身もそのようなことを意図してはいなかったものと思われる。
　また、稲村本人が、この1987年の時点で、本人・家庭原因説から脱却していたのかも疑問である。というのも、稲村は、例えば1993年にあらわした著書『不登校・ひきこもり　Q&A』の中で次のように述べているのである。

116　第2部　本人・家庭原因説の主張と放棄

仮にいじめが（山岸注：不登校の）原因であっても、もちろんいじめ
をなくすための対策も大切ですが、それ以外にも対応の仕方がいろい
ろあるはずです。本人がそれを乗り越えられるようにもっていくとか。
　例えば、成績が落ちたから行かないという場合に、成績を上げなけ
ればならないとなると、大変なわけです。行くことに意味があると本
人が受け取って行けるようになれば、ある意味で解消するわけです。
それと同じで、いじめがあっても学校には学校でやるべきことはやっ
ていただきながら、本人にもそういう状態を乗り越えて、なんとか人
のなかへ行けるようにもっていってあげるのが実際的ではないでしょ
うか。27)

　このように稲村の話は、いじめが不登校の原因であっても本人がそれを
乗り越えればいいのだ、というものになっている。つまり、稲村によれば、
「不登校になった」原因は学校（いじめ）にあるとしても、しかし「不登校で
いる」原因はあくまでも本人にある、というのである。これは、むしろ本
人・家庭原因説のバリエーションとでもいうべきものであるだろう。稲村
は1993年になっても、いまだ本人・家庭原因説の立場に立脚していた、
と見られなくもない。
　いずれにしても、1987年の文部省社会教育局による不登校の原因論が、
稲村の学説にしたがったものだったのは1つの事実である。
　さて、この3年前である1984年に、文部省初等中等教育局によって発
行された『生徒指導資料第18集／生徒指導研究資料第12集　生徒の健全
育成をめぐる諸問題——登校拒否問題を中心に』は、まるまる一冊を不登
校問題に当てたものである。そして、その中には、「3　登校拒否の原因や
背景　登校拒否の原因や背景として、生徒やそれを取り巻く家庭、学校、
社会についてどのような問題点があるか。」という見出しのもと、次のよ
うな記述が見られる。

第2章　文部省による本人・家庭原因説の主張と放棄　117

登校拒否は様々な原因や背景が複雑に絡み合って起こるものである。
　一般的には、生徒本人に登校拒否の下地とも言える登校拒否を起こし
　やすい性格傾向ができており、それが何らかのきっかけによって登校
　拒否の状態を招くものと考えられている。28)

　この原因論は、『現代の家庭教育――小学校低・中学年期編』における稲
村による原因論と、かなり似通っていると指摘できる。そして、他ならぬ
本人・家庭原因説であるともいえる。
　ちなみに稲村は、こちらの『生徒指導資料第18集／生徒指導研究資料
第12集』の「作成に関する協力者」の１人でもあった。文部省初等中等教
育局の『生徒指導資料第18集／生徒指導研究資料第12集』における不登
校の原因論にも、稲村の学説がかなりの程度、反映されているものと推測
される。少なくとも、ここでも稲村が、文部省の不登校見解に深く関わっ
ていたことは事実である。
　以上に見てきたように、当時の文部省と稲村は、不登校の原因論をめぐ
って、いわば「共犯関係」にあったのである。それゆえ、稲村に対する批
判の盛り上がりは、そのまま文部省に対する批判の激化を意味していたの
である。

6. 法務省の調査結果と文部省による本人・家庭原因説の放棄

　文部省は、稲村批判が巻き起こった翌年の1989年7月に「学校不適応対
策調査研究協力者会議」なるものを発足させている。稲村に対する多極的
な批判の盛り上がり、という当時の社会的な事情－状況を参照すれば、こ
れは、そのことに動揺した文部省の、次の一手を探る動きではなかったか
と思われる。

ただし、この直後の1989年9月には、例の「不登校の原因は教師や学校にも十分に求められる」ということを行政当局が公的に明らかにした、法務省人権擁護局による「不登校児人権実態調査」の結果が発表されてしまう。

　文部省の「学校不適応対策調査研究協力者会議」の結論の行方は、早々とコントロールされることになってしまったのではなかったか。同じ中央官庁として自分たちと水平な位置関係にあった法務省から出された「不登校の原因は教師や学校にも十分に求められる」という調査結果は、文部省としても無視できなかったに違いないからである。

　つまり、この時点で、文部省が従来のように「不登校は本人の性格と親の育て方に問題があるから起こる」という本人・家庭原因説を主張することは、もはや不可能になってしまっていたと考えられる。翌1990年の11月に学校不適応対策調査研究協力者会議は「中間まとめ」を公表する。そこでは、「不登校の原因は教師や学校にも十分に求められる」という法務省の調査結果と矛盾せず、なおかつ不登校の発現に関して教師や学校の責任を巧みに曖昧にした「様々な要因が作用すれば不登校はどの子どもにも起こり得る」という不登校見解が唱えられていた[29]。

　すなわち、ここに、文部省による本人・家庭原因説の主張は放棄されたのであった[30]。

7. ポリティクスとレクイエム

　一部の専門家が行い、また文部省自身もさりげなく行っている、不登校の増加が文部省による本人・家庭原因説の放棄の理由であるとする説明は、社会（史）的視点を欠いた不十分なものであるのではないだろうか。すなわち、それが、具体的個別的な事件や事故の発生に基づいて、当事者、関係者、専門家、似非専門家、関連学会、マスメディア、等を動かし、さらには、法務省をも動員した生々しい1つのポリティクスであったという説

第2章　文部省による本人・家庭原因説の主張と放棄　119

明がそれに加えて必要であると考えるのである。

　また、このポリティクスが、「当事者を中心とした運動と獲得の明るい物語」であっただけではなかったという視点も必要ではないのだろうか。法務省による不登校問題−教育問題への介入は、不登校という常識的に考えれば死には到底、値しない理由で子どもたちが殺されたことによる、不登校の社会問題化に基づいての出来事であったと思われる。つまり、そこには、余りにも不条理な若死にと、それゆえにそれが社会に与えたインパクトが認められる。その意味でこのポリティクスは、朝倉が明らかにしたような「運動と獲得の明るい物語」であっただけでなく、それと同時に「不条理な若死にへのレクイエムの物語」でもあったということを、われわれは忘れてはならないと考える。

　そもそも、「不登校は本人の性格と親の育て方に問題があるから起こる」と考えられている限り、或いはそのように一般化されていれば、そこから例えば戸塚ヨットスクールのように[31]、「本人の性格を親に代わってたたき直してやる」という方法論が析出されるのはむしろ1つの必然だったのではなかろうか。石川憲彦が「ヨットスクール主宰者の戸塚宏と精神科医の稲村博の言っていることはそっくりだ」と述べていた（序論の「2.2.」を参照のこと）ことを思い出してみよう。戸塚ヨットスクール流の暴力主義も、その根っこは本人・家庭原因説にあったのである。

　つまり、もし、本人・家庭原因説が支配的な不登校論−原因論でなかったのなら、不登校を理由に複数の子どもが殺されることも起きなかったのではなかろうか。この点を見過ごしにすることはできない。本人・家庭原因説を主張した専門家たちが、不登校を理由に子どもたちが殺されたことに関して全く責任がないとは、いいきれないと考える。

【注】
1) 山田潤「学校に『行かない』子どもたち——〈親の会〉が問いかけていること」佐伯

胖・他（編）『いじめと不登校（岩波講座・現代の教育第4巻）』pp199-200、岩波書店、1998年。

2) 芹沢俊介・内田良子「不登校13万人の意味（対談）」『論座』通巻第55号（11月号）、p20、朝日新聞社、1999年。

3) 文部省学校不適応対策調査研究協力者会議「登校拒否（不登校）問題について——児童生徒の『心の居場所』づくりを目指して」1992年3月13日。この文献は、『学校経営——今、登校拒否問題を考える』第37巻第6号（5月号臨時増刊）、pp45-109、第一法規、1992年、に収録されている。

4) 文部省学校不適応対策調査研究協力者会議「登校拒否問題について——中間まとめ」1990年11月。この文献は、文部省教務研究会『詳解　生徒指導必携』pp458-465、ぎょうせい、1991年、に収録されている。

5) 田口正敏「サポート校・フリースクール・フリースペースについて」『こころの科学』通巻第87号、p56、日本評論社、1999年。

6) 佐藤修策『登校拒否ノート——いま、むかし、そしてこれから』p277、北大路書房、1996年。

7) 滝川一廣「不登校はどう理解されてきたか」佐伯胖・他（編）『いじめと不登校』（岩波講座・現代の教育第4巻）』p181、岩波書店、1998年。

8) 皇紀夫「教育文化臨床と言語」住田正樹・鈴木晶子（編）『新訂　教育文化論——人間の発達・変容と文化環境』p77、放送大学教育振興会、2005年。

9) 文部省初等中等教育局『生徒指導資料第22集　登校拒否問題への取組について——小学校・中学校編』pp3-4、大蔵省印刷局、1998年。

10) 朝倉景樹『登校拒否のエスノグラフィー』pp55-81、彩流社、1995年。

11) 同前、p80。

12) 管見の限り、文部省による本人・家庭原因説の放棄をめぐってはその他、次のような言説がある。

例えば現代思想論の中島浩籌は、次のように、社会変容を文部省による本人・家庭原因説の放棄の係数としてあげている。「『登校拒否』問題に関わる様々な運動によって文部省は視点を変えざるをえなくなったのであるが、……この視点の変化は『自己実現』や『開発促進的』なパラダイムへとシフトして生じた結果でもある」（中島浩籌「生涯学習・管理社会におけるカウンセリング」日本社会臨床学会（編）『カウンセリング・幻想と現実——上巻』p173、現代書館、2000年）

また例えば高校教諭（当時）の山田潤は、次のように、文部省による本人・家庭

原因説の放棄を「不登校の増加」だけに求める考え方を批判的に見つつ、「親の会」
の影響力を指摘している。「それにしても、『どの子にも起こりうる』という認識の
転換を当局に余儀なくさせたものは何であったろうか。七〇年代のなかば以降、
毎年確実に増勢を示し続けていた『不登校』の統計的な数値だけでは、『ごく普通
の子どもであり属性的には特に何ら（山岸注：「何ら」原文ママ）問題もみられな
いケースも多数報告されている』という、質的な認識の転換を促す言明にはけっ
して至りえなかったであろう。……『なんら（山岸注：「なんら」原文ママ）問題も
みられないケースも多数報告され』るようになるためには、『不登校』を異常視す
る周囲の圧力からまずわが子を擁護し、みずからもまた『不登校』認識を根本的に
改めて、わが子をとりあえず学校に行かないままの状態で受容する親の存在が不
可欠だったのである。そのためには、また、どうしても『親の会』がなければなら
なかった」（山田潤「学校に『行かない』子どもたち——〈親の会〉が問いかけてい
ること」佐伯胖・他（編）『いじめと不登校（岩波講座・現代の教育第4巻）』pp200-
201、岩波書店、1998年）

13）法務省人権擁護局（監修）・法務省人権擁護局内人権実務研究会（編）『不登校児
　の実態について——不登校児人権実態調査結果報告』p43、大蔵省印刷局、1989年。

14）平井信義「不登校児人権実態調査報告」法務省人権擁護局（監修）・法務省人権擁
　護局内人権実務研究会（編）前掲『不登校児の実態について——不登校児人権実態
　調査結果報告』p26。

15）法務省人権擁護局（監修）・法務省人権擁護局内人権実務研究会（編）前掲『不登
　校児の実態について——不登校児人権実態調査結果報告』「はしがき」（ページなし）。

16）例えば、奥地圭子『不登校という生き方——教育の多様化と子どもの権利』
　pp159-160、日本放送出版協会・NHKブックス、2005年、を参照のこと。ただし、
　そこでは不動塾事件が1986年のことと誤記されている。

17）これに連なることとして、1984年3月に発覚した報徳会宇都宮病院事件を契機と
　した、1987年9月の精神衛生法改正、精神保健法成立も見逃せない。当時は、い
　わゆる施設内暴力に対して、関係中央官庁が敏感にならざるを得ない空気が醸成
　されていたのではないかとも考察されるのである。

18）文部省に先がけて法務省が「不登校」という用語を用いた点に言及しているのは、
　森田洋司『「不登校」現象の社会学（第2版）』pp4-5、学文社、1997年。
　　また、教育学の中山一樹が、「不登校・『登校拒否』主要文献解題・目録」『教育』
　通巻514号、pp84-88、国土社、1989年、において、「この法務省調査（山岸注：に

は）……これまでの文部省調査とはことなった側面をみることができます」（p88）と価値的に評価を与えている。ただし中山は、「学校へ行けなくなった原因」の第1位が「友達関係」であったことにとらわれてしまって（これは彼が個人的に慕っているらしい教育学の竹内常一の仮説を補強する結果だったからのようだが）、第2位が勉強・学業関係、そして第3位が先生・学校関係であったことに目もくれていない。なぜ、不登校の原因の上位に学校・先生関係があがってきたことに教育学の専門家が注目しなかったのか、私には不思議でならない。

19) 奥地圭子『東京シューレ物語』pp247-248、教育史料出版会、1991年。

20) 同前、p248。ちなみに、奥地が「自立性」と言っているのは、正しくは、或いは平井信義の言葉にしたがえば、「自発性」ではないかと思われる。なお、ここで言及されている東京シューレの子どもたちによるアンケート（登校拒否の子どもによる「登校拒否アンケート」）は、「東京シューレ」の子どもたち（編）『学校に行かない僕から学校に行かない君へ』pp199-240、教育史料出版会、1991年、に収録されている。

21) 前章で見た、小泉の本人・家庭原因説の放棄というのは、この稲村の一件に、先行して行なわれていた。小泉が〈B〉の発言を行なったのは、その日付まで見てみると、1988年4月26日のことであり、稲村をニュースソースにした同年9月16日付けの『朝日新聞』報道に、5カ月程、先だっていた。このことから、小泉によるその本人・家庭原因説の放棄は、稲村の一件とは関係なく、つまり自律的になされたものと考えられる。

　　ただし、本人・家庭原因説の放棄自体は自律的だったと考えられるものの、それまで同説を主張し続けていた約13年間の歩みにおいては、小泉は文部省に同調的であったように見える。例えば、全国教育研究所連盟（編）『登校拒否の理解と指導』東洋館出版社、1980年、という本を開いてみると、後に文部省事務次官となる木田宏が、当時の「全国教育研究所連盟委員長」として同書の「はしがき」を、一方で小泉が「東京都立教育研究所教育相談部長」として「推薦のことば」を、それぞれ記している。このように、小泉と文部省とはたいへん近い関係にあった。

　　或いは、文部省の方が小泉に接近していたといえるのかもしれない。例えば、教育学の竹内常一は、その『子どもの自分くずしと自分つくり』p102、東京大学出版会・UP選書、1987年、において、文部省による不登校のタイプ分けは小泉によるそれをもとにしているようだ、と述べている。

22) このことに関しては、例えば、登校拒否を考える緊急集会実行委員会（編）『「登

校拒否」とは』悠久書房、1989年；奥地圭子『登校拒否は病気じゃない』教育史料出版会、1989年、などを参照のこと。

23）このことに関しては、例えば、門眞一郎「登校拒否の神話」『あも』第1巻第3号、p26、1990年；日本児童青年精神医学会（高岡健・山登敬之・川端利彦）「子どもの人権に関する委員会報告（会告）」『児童青年精神医学とその近接領域』第33巻、pp77-103、及びpp254-256、1992年；高岡健「『どうする？』を考える（治療論）」門眞一郎・高岡健・滝川一廣『不登校を解く』pp78-88、ミネルヴァ書房、1998年、などを参照のこと。

この他、山登敬之「極私的不登校闘争二十年史序説」『こころの科学』通巻第123号、pp64-70、日本評論社、2005年、が当時の稲村周辺の様子について、関係者の1人として批判的かつ反省的に語っていて参考になる。

24）例えば、TBSテレビ「格子の中の悲鳴——登校拒否児をなぜ精神病院に・はじき出す病む教室」『報道特集』1985年11月10日午後6:00〜6:54放送；堂本暁子「子どもたちの告発」『これからの精神医療（法学セミナー増刊　総合特集シリーズ37）』pp53-62、日本評論社、1987年。

25）朝倉景樹前掲『登校拒否のエスノグラフィー』pp55-58、によれば、文部省による本人・家庭原因説が示された『生徒指導資料』には以下のものがあるという（著者及び発行所は全て同一なので、最初のもののみに記しておく）。

文部省初等中等教育局『生徒指導資料第7集　中学校におけるカウンセリングの考え方』大蔵省印刷局、1971年；『生徒指導資料第10集　思春期における生徒指導上の諸問題——中学校編』1974年；『生徒指導資料第12集　精神的な適応に関する諸問題——中学校編』1976年；『生徒指導研究資料第7集　精神的な適応に関する諸問題——高等学校編』1976年；『生徒指導資料第15集／生徒指導研究資料第10集　生徒指導上の問題についての対策——中学校・高等学校編』1980年；『生徒指導資料第16集　意欲的な生活態度を育てる生徒指導』1981年；『生徒指導資料第18集／生徒指導研究資料第12集　生徒の健全育成をめぐる諸問題——登校拒否問題を中心に』1984年。

なお私の見るところ、この他、『生徒指導資料第5集　生徒理解に関する諸問題』p12、1970年；『生徒指導研究資料第11集　教育課程と生徒指導——高等学校編』pp89-90、1982年、にも「登校拒否」に関する記述が見かけられることを付け加えておく。

26）文部省社会教育局『現代の家庭教育——小学校低・中学年期編』p106、ぎょうせ

い、1987年。

27）稲村博『不登校・ひきこもり　Ｑ＆Ａ』p12、誠信書房、1993年。

28）文部省初等中等教育局前掲『生徒指導資料第18集／生徒指導研究資料第12集』
p22。

29）文部省による本人・家庭原因説の放棄の「舞台」となった学校不適応対策調査研
究協力者会議であるが、その「委員名簿」には、主査でも副主査でもないものの、
相変わらず稲村博が名を連ねていた。なぜ、文部省はその「協力者」から稲村を排
除しなかったのか。不可解にも思うが、私は次のように考えている。社会的批判
にさらされている最中に稲村を排除すれば、不登校見解を稲村に頼っていたこと
は不適切であり、直近の人選にミスがあったと、文部省自らが認めたというふう
に映りかねず、これは見栄えがよくなかった。逆に、文部省は、その内部に稲村
を温存しておけば、「登校拒否児童生徒が著しい増加傾向にあるという状況を踏ま
えて、平成元年7月に学校不適応対策調査研究協力者会議を発足させ」たというふ
うに、不登校の増加をこそ、その本人・家庭原因説の放棄の理由のように見せか
け、自身の人選ミスをぼかすことができた、と。

30）この考察は実証性に弱さがある。いってみれば、もっぱら状況証拠の積み上げで
物証に乏しいのである。しかし、法務省から「教師や学校も十分に不登校の原因
である」という調査結果が公にされたその後で、それにもかかわらず、なお文部
省が従来の「不登校は本人の性格と親の育て方に問題があるから起こる」という原
因論－本人・家庭原因説を主張することができたかどうかを考えると、それは当
然「できない」と判断される。この点にウエイトをおいて考えれば、本考察も説得
力をもつものと考える。

31）例えば、戸塚宏『私はこの子たちを救いたい――"殴らない父"と"愛しすぎる母"
へ』光文社・カッパビジネス、1983年。

【第2部第2章関連年表】

1971年7月：文部省初等中等教育局『生徒指導資料第7集』

1979年〜1982年：「戸塚ヨットスクール」で複数名の死者・行方不明者

1984年3月：報徳会宇都宮病院事件発覚

1984年4月：文部省初等中等教育局『生徒指導資料第18集／生徒指導研究資料第12
集』

1985年：「東京シューレ」開校

1985年11月：TBSテレビ「格子の中の悲鳴」＝稲村博の臨床活動批判

1987年6月：文部省社会教育局『現代の家庭教育　小学校低・中学年期編』

1987年6月：「不動塾」で死者

1987年9月：精神衛生法改正、精神保健法成立へ

1988年4月：小泉英二の変説

1988年9月16日：稲村をニュースソースにした不登校を深刻な病気と印象づける『朝日新聞』報道

1988年10月24日：山下英三郎「登校拒否は治療の対象か」『朝日新聞』＝稲村批判

1988年11月12日：登校拒否を考える緊急集会実行委員会「えっ、『早期完治しないと無気力症に』ですって」（日本教育会館）＝稲村批判集会

1988年11月〜12月：法務省人権擁護局「不登校児人権実態調査」実施

1989年6月18日：日本児童青年精神医学会に、稲村の活動の危険性を指摘すると共に不登校に関する学会の見解を求める、5名の会員の連名による「要望書」が提出される

1989年7月：文部省に「学校不適応対策調査研究協力者会議」発足

1989年8月：東京シューレ「登校拒否の子どもによる『登校拒否アンケート』」

1989年9月：「不登校児人権実態調査」結果発表→「学校や教師も不登校の原因」

1990年11月：学校不適応対策調査研究協力者会議「登校拒否問題について：中間まとめ」→「不登校はどの子にも起こり得る」＝文部省の変説

1991年7月：「風の子学園」で死者

1992年：日本児童青年精神医学会・子どもの人権に関する委員会（高岡健・他）「登校拒否と人権——稲村博会員の『登校拒否症』治療に関する調査および見解」＝同学会による稲村批判

1992年3月13日：学校不適応対策調査研究協力者会議「登校拒否（不登校）問題について——児童生徒の「心の居場所」づくりを目指して——」

1994年6月：石川憲彦・他『わが子をどう守るか』

1998年：文部省初等中等教育局『生徒指導資料第22集』

結章

　第2部では、わが国の不登校研究における本人・家庭原因説の主張と放棄を考察した。わが国の不登校研究は、その1960年前後の生成から当面の間、「不登校は本人の性格と親の育て方に問題があるから起こる」という本人・家庭原因説を中心に展開していったものの、後にはそれを放棄するに至った、という大筋を持っている。ちなみに、文部省の影響力を考慮すると、この放棄の時期は1990年前後と見るのが妥当と思われる。以下に第2部の主要な論点をまとめておこう。

　まず第1章では、専門家による本人・家庭原因説の放棄がなぜ生じたのかを考察した。方法は事例研究によった。すなわち、かつて本人・家庭原因説を主張し、しかし結局は放棄した、代表性の認められる専門家の小泉英二を取り上げて、彼にそくして、本人・家庭原因説の放棄の理由を分析した。

　結論からいえば、1988年に生じた小泉によるその本人・家庭原因説の放棄は、それが要とするところのロジック、すなわち「ごく少数の子どもしか不登校になっていないのだから、なる方に真の原因がある」というロジックを、不登校の増加という現実に突き崩されてしまったことを理由としていたと思われる。ちなみに、同様の主張と放棄は、やはり代表性のある専門家であった平井信義にも見て取れることであり、したがって小泉は例外にはあたらず、この考察結果は一定の普遍性を持つものと考える。

　小泉を対象化した事例研究からは、その本人・家庭原因説の非科学性という問題点が浮上した。「ごく少数の子どもしか不登校になっていないの

だから、なる方に真の原因がある」というロジックそれ自体は、実質をともなわない表現上の言葉、すなわちレトリックであった。このロジックにしたがえば、例えば或る工場が排出する有害な煙によって空気が汚れていっている現実があるとしても、1000人について数人の人しか体調を崩していないのであれば「真因」は体調を崩した人の身体機能や生活習慣などにある、ということになってしまう。要するに、小泉の本人・家庭原因説というのは、巧みなレトリックによって正しさを偽装した言説、すなわち一種の詭弁だったのである。小泉による本人・家庭原因説の放棄は起こるべくして起こったといえよう。

　小泉が用いたようなロジックは、四日市喘息の裁判の過程においても見られたという。四日市喘息が「工場の問題」であったように、不登校問題が「学校教育や教師の問題」である可能性が示唆されている。

　ところで、小泉が「四日市喘息＝大気公害」説を否定する側と同様のロジックを用いていたのに対して、渡辺位は不登校を公害病とのアナロジーで捉えていた。渡辺は、不登校の発生は、公害が起こると弱みを持つ者が病んでしまうのに似ている、と主張した。それは、いいかえると、「確かに不登校の当事者にも悪いところはあるが、しかし学校状況が適切にならなければならないのは、それに優先する問題である。したがって当事者を責めるのはあたらない」という主張であった。臨床的営為はクライアントの利益のためにある。臨床家はクライアントを第一義的に擁護しなければならない。当事者を責めることの不当性を鋭く指摘していた渡辺の不登校論は、臨床の規範を順守したものであったといえる。渡辺の主張は2006年に至っても特に変わっていないが、規範的な不登校論が長い生命力を保っているのは示唆的である。

　補論では、本人・家庭原因説がなぜ主張され続けたのかを、専門家の内面の問題として考察した。そして、同説は、一般に学歴社会の恩恵の享受者である専門家に内面化された学校教育への親和性に基礎付けられて主張

され続けたのではないか、という仮説を提出した。

　補論では、まず、医学や臨床心理学の専門家による内面告白に注目して、そこから、一般に彼ら専門家というのが学歴社会の恩恵の享受者であり、それゆえに学校教育への親和性の内面化があるはずだと指摘した。そして、この専門家に内面化されていると思われる学校教育への親和性によって、学校教育にネガティブな学校原因説が退けられ、同時に学校教育の擁護につながる本人・家庭原因説が採られ主張され続けたのではないか、と考察した。

　しかし、その結果、理念とは逆に、大抵の場合臨床家である専門家が不登校の当事者というクライアントを傷付ける、という奇妙な事態が起きていたのである。わが国の不登校研究の歴史には、臨床家でもある専門家が、不登校の当事者という本来は癒すべき対象のクライアントを傷付けてきた、という転倒が刻み込まれていると批判的に指摘した。

　第2章では、文部省による本人・家庭原因説の放棄がなぜ生じたのかを考察した。

　文部省は主張主体に過ぎず、つまり研究主体ではない。したがって、「不登校研究及び不登校論の研究」の対象とはいいがたい面もある。しかし、文部省による本人・家庭原因説の放棄以降は、専門家による本人・家庭原因説の主張も難しくなったと思われるのであり、この影響力を踏まえて、文部省もまた対象化しておく必要があると考え、文部省による本人・家庭原因説の放棄の必然性を社会（史）的文脈の中で読み取る、というアプローチで考察した。より具体的には、1980年代の後半の時期に、文部省が本人・家庭原因説を放棄せざるを得なくなるような何らかの事情ないし状況が、別の中央官庁の動向によって生じていたのではないか、という分析視点を用いて、文部省による本人・家庭原因説の放棄がなぜ生じたのかを考えた。

　結論からいえば、文部省による本人・家庭原因説の放棄は、法務省の動

結章　129

向、すなわち法務省による「不登校の原因は教師や学校にも十分に求められる」という調査結果の発表に影響されたものと思われる。そもそも、法務省の調査自体は、不登校という常識的に考えれば死には到底、値しない理由で子どもが矯正施設において殺されたことを契機にしていた。つまり、余りにも不条理な若死にと、それゆえにそれが社会に与えたインパクトによって不登校が社会問題化したために、従来はこの問題と関係の薄かった法務省による不登校問題への介入が起こり――或いは非学校教育的な主体である法務省による教育問題への介入が起こり、といってもいいだろう――、ここに新たなるポリティクスが生じ、その結果として、文部省は本人・家庭原因説の放棄を余儀なくされたものと思われる。

　文部省による本人・家庭原因説の放棄に関して、従来は、一部の専門家や或いは文部省自身によって、不登校の増加がその理由であるとする説明が行われてきた。しかし、これは社会（史）的視点を欠いた不十分なものである。それは、具体的個別的な複数の出来事を契機としつつ、当事者、関係者、専門家、似非専門家、関連学会、マスメディア、さらには法務省をも動員した、生々しい1つのポリティクスであった。また、このポリティクスは当事者運動に代表される「運動と獲得の明るい物語」であっただけではなく、当事者の子どもの死に基づいた不登校の社会問題化の産物であったという点で「不条理な若死にへのレクイエムの物語」でもあった。「不登校は本人の性格と親の育て方に問題があるから起こる」と考えられている限り、そこから「本人の性格を親に変わってたたき直してやる」という方法論が析出されるのは1つの必然である。もし、本人・家庭原因説が支配的な不登校論−原因論でなかったのなら、不登校を理由に複数の子どもが殺されるということも起きなかったのかもしれない。この点を見落とすわけにはゆかない。

　本章の考察の実証性に弱さがあることは否めないが、しかし、法務省から「不登校の原因は教師や学校にも十分に求められる」という調査結果が公にされたその後で、それにもかかわらずなお、法務省と水平な地位関係

にある文部省が従来の「不登校は本人の性格と親の育て方に問題があるから起こる」という本人・家庭原因説を主張することができたかどうかを考えると、それは「できない」と判断される。この点を踏まえれば、本考察も説得力をもつものと考える。

第3部
わが国の不登校研究の問題点

序章

　第3部では、わが国の不登校研究の問題点の剔抉が試みられる。

　第2部で見たように、1960年前後の不登校研究の生成以来、学界におい
て支配的な原因論として君臨した本人・家庭原因説は、1990年前後に至
って放棄されるにおよぶ。しかし、その本人・家庭原因説も、そもそもは
専門家によるそれなりの不登校研究を根拠にして唱えられ主張されたもの
である。ということは、そのそもそもの「専門家によるそれなりの不登校
研究」に実は何らかの手違い、いいかえれば問題点がはらまれていたので
はないか、というふうに考えられる。では、「専門家によるそれなりの不
登校研究」は、一体どのような問題点を抱えていたのか。第3部で行うの
は、このことの解明である。

　まず第1章では、精神医学の高木隆郎を対象とした事例研究を行う。こ
れは、本人・家庭原因説を主張した代表性のある専門家の、その主張の根
拠であった不登校研究を分析して問題点を剔抉する、というアプローチで
ある。本人・家庭原因説－「父性の不在／父親像の弱体化」原因説を主張
した高木は、わが国の児童精神医学界を代表する人物であると同時に、わ
が国の不登校研究のパイオニアといわれる人物である[1]。したがって、第
3部での事例研究の対象とするに最もふさわしい専門家といえる。第1章
では、高木の不登校研究を批判的に分析・検討し、その後で、分析・検討
結果を不登校研究の学界全体にフィードバックして確度を検証する、とい
う手順で考察を進めたいと考える。小泉英二を考察した時と同様に、手法
は臨床的な面接法や観察法ではなく、文献レビュー法となる。ゆえに第三
者による追加検証・再現検証も保障されている。

第2章では、臨床心理学の鑪幹八郎を取り上げる。鑪は、わが国の臨床心理学を代表する人物であり、また本人・家庭原因説の代表的主張者として名前をあげられることの多い専門家である。鑪自身による本人・家庭原因説の主張には長い空白期間があるのだが、しかしながら、鑪流の本人・家庭原因説－「肥大した自己像」原因説は、その間も、わが国の臨床心理学の著名な専門家たちによって断続的に主張されていた。だが、このようなわが国における展開は、英語圏と比べてみると、かなり異なった様相を呈していた。第2章では、この巡り合わせに注目して、英語圏との比較で「肥大した自己像」原因説の展開を考察したいと考える。

　なお、高木と鑪を研究対象として選んだのは、小泉を選んだ時と同様、客観的基準によっている。すなわち、高木と鑪は次のようにして選び出されている。「わが国における不登校研究の歴史」について考察した清原浩、及び伊藤美奈子の研究を読み比べてみると[2]、本人・家庭原因説を主張した代表性のある専門家として、共通して取り上げられている専門家が、それを日本人に限れば、3人居る。すなわち、臨床心理学の佐藤修策、精神医学の高木隆郎、臨床心理学の鑪幹八郎の3人である（ちなみに清原、伊藤の両研究において、この反対の立場の専門家として共通して取り上げあげられているのは、第2部第1章で言及した児童精神医学の渡辺位[3]である）。この3人から、佐藤を除外した結果、高木と鑪が研究対象となったのである。

　佐藤を除外した理由を次に記しておこう。それは、以下に記すように、佐藤の本人・家庭原因説が余りに分裂的であったことが理由である。A）佐藤の1959年の論文「神経症的登校拒否行動の研究」[4]は、母子間の分離に対する恐怖を焦点化した標準的な分離不安説からは、距離をとったものであった。すなわち佐藤によれば、①親の過保護・溺愛によって形成された子の過度の依存性が、②やがて親の行動を制限するようになるため、③親には子に対する敵意が、また子には慢性的な不安が生じる、④そしてこの慢性的不安にバックアップされた適応異常行動として子の側に不登校が発現する、とされたのである。つまり、そこでは、分離不安（母子間の分離

に対する恐怖）そのものはむしろ背景化されていた。B）しかし、1962年の論文「学校恐怖症の研究」[5] になると、佐藤は「学校恐怖症の本質は遅すぎた心理的離乳という意味での分離不安にある」などと述べて、標準的な分離不安説に立脚するように変わっている。C）ところが、さらに1968年の著書『登校拒否児』[6] になると、自分の不登校論は「心理的独立の挫折説」であるとして、今度は標準的な分離不安説からの差別化をはかっている――と、このように、佐藤の主張はカメレオンのように移り変わっているのである[7]。佐藤の本人・家庭原因説は極めて分裂的であり、要するに、どれが本当の佐藤の主張なのか、同定不可能であるように思われた[8]。以上から、ここでは、佐藤を除外した次第である。

　さらに第3章では、教育学による不登校研究を考察する。不登校は十分に教育問題と考えられるものでありながら、従来、主に児童精神医学や臨床心理学によって研究され、教育学研究の積極的対象にはなってこなかった。その中で、教育学研究者が多く集っている教育科学研究会が、1985年に当時中学教師であった横湯園子の不登校をめぐる教育実践に対して「第7回教育科学研究会賞」を与えているのは、注目に値すると思われる。教育学界の一角から支持された横湯の教育実践には、教育学的な不登校観が反映されている、と考えられるからである。ところが、その横湯もまた本人・家庭原因説の立場に立脚し、不登校を「学校の問題」としてではなく「子どもの内面の問題」として捉え解決してゆく教育実践を展開していた。横湯を事例研究の対象として、その教育実践とそれを評価した教育科学研究会を批判的に検討することにしたい。

【注】

1) 例えば精神医学の笠原嘉は、Kasahara, Yomishi「REFLECTIONS ON SCHOOL PHO-BIA」『児童青年精神医学とその近接領域』第30巻、pp242-251、1989年、において、高木を「日本の児童青年精神医学界のパイオニア的学者（山岸訳。原文は英文）」

（p242）と記している。また児童精神医学の山登敬之も、その『子どもの精神科』筑摩書房、2005年、において、高木を「児童精神科業界の重鎮、わが国の不登校研究のパイオニア」（p141）と記している。さらに教育学の中山一樹も、「不登校・『登校拒否』主要文献解題・目録」『教育』通巻514号、pp84-88、国土社、1989年、において、「高木隆郎氏は登校拒否問題について日本で逸早く治療・調査・考察を加えた児童精神科医です」（p86）と記している。

2) 清原浩「不登校・登校拒否に関する研究の系譜——概念規定をめぐる歴史的展開を中心に」『障害者問題研究』通巻第69号、pp4-7、1992年；伊藤美奈子「学童期・思春期：不登校」下山晴彦・丹野義彦（編）『発達臨床心理学（講座・臨床心理学5）』p115、東京大学出版会、2001年。

　　参考までに、精度において信頼の高い清原の研究を引いておくと、彼は次のようにわが国の不登校研究－不登校論を整理している（なお引用対象者は日本人の専門家に限っている）。

①Ⅰ期：1950年代後半から分離不安説中心の時代：佐藤修策、鷲見たえ子・玉井収介ら。

②Ⅱ期：1960年以降、分離不安説批判と神経症中核説：高木隆郎、鑪幹八郎。

③Ⅲ期：1980年以降、神経症中核説の批判と学校病理説を中心とする時期：渡辺位、中園正身、竹内常一。

④Ⅳ期：1990年以降、学校病理説的枠組みの否定と現在型不登校説の時期：森田洋司、佐々木賢。

3) 清原浩前掲「不登校・登校拒否に関する研究の系譜」pp7-9；伊藤美奈子前掲「学童期・思春期：不登校」p116。

4) 佐藤修策「神経症的登校拒否行動の研究——ケース分析による」『登校拒否ノート——いま、むかし、そしてこれから』pp2-29、北大路書房、1996年：原著1959年。

5) 佐藤修策「学校恐怖症の研究——ケース分析による」厚生省児童家庭局（監修）『登校拒否児の指導事例（児童のケースワーク事例集別冊）』pp143-156、日本児童福祉協会、1966年：原著1962年。

6) 佐藤修策『登校拒否児』国土社、1968年。特にpp92-105。

7) この移り変わりは、佐藤の参照枠を見てゆくことでも確かめられる。佐藤は、A）「神経症的登校拒否行動の研究」においてはエイゼンバーグ（Eisenberg, L.）の論文を中心的に参照し内容的にもそれにしたがっていたが、B）「学校恐怖症の研究」になるとエイゼンバーグをその参考文献からも外してしまい、さらにC）『登校拒

否児』になると自分とエイゼンバーグの立場をそれぞれ異なるものとして示すようになるのである。

8) 佐藤による主張の、その内実の移り変わりに関しては、その他にも例えば次のようなことがあげられる。①当初は「特記」しなければいけないとしていた「遺伝的背景」、すなわち近親者に統合失調症（精神分裂病）者がいることと不登校発現の相関が、いつの間にか言及されなくなっている。或いは、②当初はわが国に特殊の人間関係として不登校の発現に関しても「特筆」しなければいけないとしていた「祖母－孫」関係が、やはりいつの間にか言及されなくなっている、など。なお、佐藤がどうしてこれらの論点に関する言及をひかえるようになったのか、佐藤自身による説明は見当たらない。

第1章
「父性の不在／父親像の弱体化」原因説の盲点
───対照群との比較検討の不在化

　　しかし、登校拒否となった児童生徒をみてみると、必ずしも本人
　　自身の属性的要因が決め手となっているとはいえない事例も多く、
　　ごく普通の子どもであり属性的には特に何ら問題もみられないケ
　　ースも数多く報告されている。1)
　　　　　　　　──文部省学校不適応対策調査研究協力者会議・1990年

1.高木隆郎の不登校論

1.1.「母子関係」から「父性」へ

　本章では、本人・家庭原因説の代表的な主張者であった高木隆郎の不登
校研究を批判的に分析・検討し、その問題点の剔抉を試みる。

　そもそも、高木の不登校論＝本人・家庭原因説は、先行していた〈母と
の分離不安説〉に対するアンチテーゼとしてかたちづくられ、1962年に提
出されたものであった。次にその一部を引用してみよう。

　　鷲見らは〈母との分離不安説〉を支持しているが、幼年期、学童初期
　　のばあいはともかく、じじつは学童後期や中学生期に多発すること、
　　また年長児であるほど重篤であること、さらにひとりででも遠方旅行
　　などすること、また転校で一時的にせよ登校することなどから、この
　　説にはわれわれは賛同できない。……〈母との分離不安〉は多くのば

あい2次症状——結果であって原因ではない。家庭では父親の権威の喪失が、また学校では形式的には民主化されていても教師のリードが不適切なことが特徴である。[2]

　高木はこのように、〈母との分離不安〉は結果であって原因ではないと主張した。そしてまた、そのように反論する一方で、当然、自分なりの不登校論を用意した。それは端的にいえば、「学校恐怖症の成立機転に、家庭における父親の社会心理学的役割の欠如を中心的と考える」ものであった（なお、上記引用文では「教師のリードの不適切性」にも触れていた高木だが、以後、学校状況は子どもに試練や緊張を与える場として、ただ静的に捉えられてゆくだけとなった）。

　要するに、高木は、原因の焦点を「母親−母子関係」から「父親−父性」へと移動させたのである。したがって、高木の原因論は、家族病理的色彩の強い本人・家庭原因説であり、特に父親を焦点化しているという特徴があった、と整理できる。

　例えば児童精神医学の齊藤万比古は、「登校拒否に関するわが国の研究史から今日までの病因論の展開をみると」と前置きして、次のように述べている（下線は山岸による）。

　　初期には登校拒否は、幼児期以来の母子関係によって形成される内的葛藤を背景として生じてくるものと考えられており、もっぱら子ども自身の内面の問題であり、母親の人格の問題であるとされたのである。その後、家族における父性の意義や子どもの学校での完全主義的姿勢や失敗に対する怖れといった多様な要因が指摘されるようになっていったが、いずれも子どもや親の人格傾向に主な発現要因を見出すという姿勢は一貫していた。[3]

　齊藤によれば、不登校が「もっぱら子ども自身の内面の問題であり、母

親の人格の問題であるとされ」ていた時代から、「その後、家族における父性の意義」が不登校の発現要因にあげられるように、時代は変化したのだという。つまりそこに、高木隆郎の登場があったと見られるのである。

1.2.「父性の不在／父親像の弱体化」が中心的な原因

高木の不登校論－本人・家庭原因説は、より具体的には以下のようなものである。

高木は、不登校の子どもが居る家庭には特徴的に「父性の不在」ないし「父親像の弱体化」が認められる事実を指摘し、その上で、このことが中心的な原因になって不登校が生じる、と述べている。

すなわち、高木は次のように主張した。本来、子どもは児童期後半から青年期にかけての自我の社会化の過程において、そのモデルとして社会的に活躍している父親像を必要とするのであるが、もし、その時「父性の不在」が生じていたり或いはモデル対象が「弱体化した父親像」であったりすると、自我社会化のための現実的なモデルを子どもは獲得できず、このためその子どもはモデル不在によって現実的な適応のための社会的自我の形成に失敗し、その結果、特に学校場面での失敗を恐れ、対人関係に緊張して家庭の場に退避してしまう不登校の子どもになるのだ[4]、と。

1.3.「父性の不在／父親像の弱体化」原因説の主張

高木は、1983年に公刊された『登校拒否』に収録された論文「登校拒否と家族」[5]の中で、次のように述べている。すなわち、「学校恐怖症の成立機転に、家庭における父親の社会心理学的役割の欠如を中心的と考えることは、われわれが再三主張してきたことで、基本的に正しいと信じている」[6]と、強い語調で主張しているのである。

このような高木の主張を、以下では、「父性の不在／父親像の弱体化」原因説[7]、と呼ぶこととする。

ところで、上記論文「登校拒否と家族」は、そもそもは1967年に書かれ

た原論文「学校恐怖症の家族研究」[8]に加筆修正をほどこしたものである。このことから、高木による「父性の不在／父親像の弱体化」原因説が、少なく見積もっても1967年から1983年までの約15年間にわたって、ほとんど全く変化しなかったことが指摘できよう。さらに私の見るところでは、この主張は、多少のニュアンスの違いはあるにせよ、もう少し幅を持って、1962年から1985年まで[9]、すなわち約23年間にわたって、行われ続けたように見受けられる。

2. 高木の原因論への疑問

2.1.「父」の問題は不登校に限られていたのか

ところで、社会学・教育学の多賀太によれば、戦後の父親をめぐる議論は、大きく2つのタイプに整理できる、という[10]。すなわち、〈権威としての父親〉言説と〈ケアラーとしての父親〉言説である。

このうち、前者は、父親と母親の資質の違いを前提としつつ、しつけや教育において母親には果たせない役割——例えば子どもの〈社会化〉の役割——を父親に求めるタイプの議論であり、1960年代の初期にあらわれ、さらに1970年代半ば以降になって人々の間に流布し始めたという。一方、後者は、父親と母親の資質の違いを前提とせず、出産前の準備や乳幼児期のケア（世話）を含めて、より広範な子どもへの関与を父親に期待するものであり、1990年代前後から広く流布し始めたという。

そして、両言説には、共通して現実の父親には「欠けた」ところがあると認識されている、という。すなわち、〈権威としての父親〉言説においては現実の父親の権威が「欠けて」いると、また、〈ケアラーとしての父親〉言説においては現実の父親のケア（世話）が「欠けて」いるとして、それぞれ論じられているというのである。

さて、このように見てくると、高木の「父性の不在／父親像の弱体化」

142　第3部　わが国の不登校研究の問題点

原因説というのも実は一般論に類似していた、と指摘できるのではないのか。高木はその「父性の不在／父親像の弱体化」原因説において、①母親にできないこととして父親に子どもの〈社会化〉の役割を求めつつ、②かつ不登校の子どもの父親にはその父性／父親像に「欠けた」ところがある（だから子どもの〈社会化〉がうまくいかず不登校を起こす）、と論じていた。

しかしながら、このような「本来必要であるにもかかわらず現実の父親の権威＝父性／父親像には『欠けた』ところがあり、それは問題だ」という言説は、多賀の言説研究に照らせば、当時の一般論をなぞったものだったわけである。果たして「父性の不在／父親像の弱体化」というものは、不登校の子どもの父親に固有の問題であったのだろうか。もし、「父性の不在／父親像の弱体化」が不登校の子どもの父親に固有の問題でなかったとしたら、それを不登校の原因と考えるのは的外れなことである。

2.2.「父」の問題は一般的な社会現象ではなかったか

例えば、臨床心理学の児玉憲典は、1990年に翻訳書として公刊したピーター・ブロスの『息子と父親　エディプス・コンプレックス論をこえて──青年期臨床の精神分析理論』の「訳者あとがき」において、次のような論述を行っている（下線は山岸による）。

> これほど自己主張的な父親でなくとも、現代に多くみられる存在感の薄い頼りない父親の場合でも、頼りないがゆえに、明確に否定して乗り越えることができないということが多いようである。よくいわれるように、時代の変化により、権威ある社会的な存在としての父親像はくずれ、社会適応に関しても、いわゆる母原病に象徴されるように、母子関係の病理が重要視されてきた。[11]

この児玉による論述は、不登校とは無関係に行われたものであるが、そこで、「父性の不在／父親像の弱体化」が「現代」の一般的な社会現象のよ

うにいわれているのは興味深いことである。児玉による「現代に多くみられる存在感の薄い頼りない父」とか「よくいわれるように、時代の変化により、権威ある社会的な存在としての父親像はくずれ」などという論述は、「父性の不在／父親像の弱体化」が、実は不登校の子どもが居る家庭だけでなく、不登校の子どもが居ない家庭においても見られる、普遍性を持つ現象であったことを示唆しているのではないだろうか。12)

3. 高木の不登校研究の問題点

3.1. 一般的現象ゆえに不登校にも当てはまったのではないか

　記したように高木は、不登校の子どもが居る家庭には特徴的に「父性の不在」ないし「父親像の弱体化」が認められると指摘することから、その「父性の不在／父親像の弱体化」原因説を組み立てていた（本章の「1. 2.」を参照のこと）。例えば1985年に公刊した著書『児童精神科のお話』の中では次のように述べている。

　　（山岸注：不登校の子どもたちの）カルテを調べてみますと、父親のいないケースが意外と多いようです。実際に死亡していたり、両親が離婚していて、母や祖父母に養育されている例、父親が結核や精神病などの慢性疾患で長期入院している例、船員や、当時からそろそろ増え始めていた遠隔地勤務、あるいは出稼ぎ、仕事上の理由で一年の大半は家庭にいないなどの例です。

　　死亡、離婚、生き別れなど本来の意味で父親を欠き、母親だけの子供は、その後の筆者らの調査で、登校拒否児九四例中、男子で一二例（一八・八パーセント）、女子で五例（一六・七パーセント）もおり、これは一般の臨床母集団と比べても少し高率すぎると思いました。そういう視点でみますと、現実には父親が家庭にいる例でも、父親自身

が神経症者で自分の不安の処理にいっぱいで、家族の支柱になり得ないとか、あるいはパーソナリティーの問題として、非常に内気、弱気、非社交的で、隣近所はもちろん対社会的にも、家族内的にも父親としての役割を果たせていないような家族が多いことが分かってきました。存在感がないといういい方もあります。[13]

　しかし、これは「話が逆」なのかもしれない。どういうことかというと、①まず「父親の存在感がない」という不登校の子どもの家庭に限られない一般的な社会現象があり、②それが不登校の子どもの家庭にも当てはまっていただけ、だったのかもしれないということである。

3.2. 方法的問題点：対照群との比較検討の不在化

　考えてみれば、高木は、「父性の不在／父親像の弱体化」が不登校の子どもが居る家庭に固有のものなのかどうか、確かめてはいなかった。ここで問題視されるのは、高木がその眼差しを、不登校の子どもが居ない家庭の父親に対して向けていなかった点である。

　高木は、不登校の子どもが居る家庭には「父性の不在／父親像の弱体化」が特徴的に認められると指摘していたものの、一方で、それ（父性の不在／父親像の弱体化）が不登校の子どもが居ない家庭には認められないということを、確認していたわけではなかった。これでは不十分だ。このようなやり方では、「父性の不在／父親像の弱体化」が不登校の子どもの家庭に固有のものなのかどうか、本来は分からないはずなのである。

　いいかえれば、それ（父性の不在／父親像の弱体化）は、不登校の子どもが居る家庭にも不登校の子どもが居ない家庭にも、認められる現象であったのかもしれない、ということである。要するに、高木のようなやり方＝方法では、「父性の不在／父親像の弱体化」を不登校の原因に特定することは実はできないはずなのであった。

　高木は、「『父性の不在／父親像の弱体化』が不登校の中心的な原因では

第1章　「父性の不在／父親像の弱体化」原因説の盲点　145

ないか」と考え付いた後で、不登校の子どもの居ない家庭の父親にもその眼差しを向けてみるべきであった。すなわち、高木は「対照群（control group）」との比較検討を行ってみるべきであったにもかかわらず、それを怠っていたのだといえる。

　以上を要するに、不登校の原因を「父性の不在／父親像の弱体化」に中心的に求める不登校論を主張した高木の不登校研究には、「対照群との比較検討の不在化」という方法的な問題点が見出される、と指摘できる。

4. 高木の問題点の学界へのフィードバック

4.1.『児童（青年）精神医学とその近接領域』へのフィードバック

　ここまで、代表性のある専門家である高木隆郎を取り上げて分析を行い、その結果、彼の不登校研究に「対照群との比較検討の不在化」という方法的な問題点を看取した。この後、この分析結果を不登校研究の学界全体にフィードバックして再検討を行い、その確度を検証したいと考える。

　ここでは、それを次のような方法で行う。不登校研究の学界全体にフィードバックするにしても、あらゆる不登校研究を参照することは不可能であり、やはり方法を工夫しなくてはならない。そこで、わが国において不登校研究が最も盛んに行われたと思われる学術団体を選び出し、その機関誌の掲載論文を参照の対象にして、フィードバックを行うという方法をとることとしたい。

　具体的には、日本児童青年精神医学会（1982年までは日本児童精神医学会。それゆえ以下では日本児童（青年）精神医学会と記すことがある）の機関誌である『児童青年精神医学とその近接領域』（1982年までは『児童精神医学とその近接領域』。それゆえ以下では『児童（青年）精神医学とその近接領域』と記すことがある）を、参照の対象にしたいと考える。また、参照対象期間については、高木が「父性の不在／父親像の弱体化」原因説を主張していた期間に基づいて、

1962年から1985年まで（本章の「1. 3.」を参照のこと）の23年間としたいと考える。

日本児童（青年）精神医学会—『児童（青年）精神医学とその近接領域』を選んだのは以下の3つの理由に基づいている。①第1に、第2部第1章の「1. 1.」にも記したことだが、私の見るところ、わが国においては、日本児童（青年）精神医学会が最も盛んに不登校研究を行ってきた学術団体であると思われること。②第2に、佐藤修策もそのように述べていること。すなわち「登校拒否・不登校に関する専門学会は種々あるが、児童・青年精神医学会（山岸注：「児童・青年精神医学会」原文ママ。しかしこれは明らかに日本児童（青年）精神医学会のことである）が最も充実している」[14]と佐藤も記していること。③第3に、1998年に精神医学の高岡健らによって「学校と精神医学——英国の動向と日本における問題点」[15]という文献レビュー法による論文があらわされているが、その際、不登校研究に関する代表的な学術誌として取り上げられているのが『児童（青年）精神医学とその近接領域』及び『精神医学』であり、かつ前者に論文数の圧倒的な充実が見られること——以上である。

4.2. フィードバックの結果：高木の問題点の普遍性

佐藤の整理[16]にしたがえば、『児童（青年）精神医学とその近接領域』には、1962年から1985年までの23年間に、27編[17]の不登校に関する論文（〈症例〉論文、及び〈資料〉論文を含む。シンポジウム関連の論文は除く）が掲載されているという。私の調べたところではいくつか脱落している論文[18]があるように見受けられるが、ここでは私の主観を排する目的で、佐藤の整理にそのまましたがうことにしたい。

そして、これらの27編の不登校に関する論文を参照した結果、「対照群との比較検討の不在化」という高木の不登校研究に看取された方法的な問題点は、結局、その全てに確認された。つまり、高木の問題点は、不登校研究の学界の全体的傾向と符合するものであり、普遍性を持ったものであ

ったといえる。

　具体例を1つ示しておこう。例えば、1984年に『児童青年精神医学とその近接領域』第25巻第5号に掲載された、生理心理学の佐野勝徳らによる共著論文「生育歴からみた登校拒否の発生要因とその予防法について」[19]は、質問紙法を用いた調査・研究であり、「調査対象となった登校拒否児童数は220名」というそれなりの規模をともなったものではあった。だが、その量的に豊富な調査対象はあくまでも不登校の子どもとその家族に限られていたのである。これでは、佐野らの調査・研究から導き出された知見が、不登校の子どもとその家族に固有のものなのかどうか、結局は分からないといえる。

5. 「正常対照群」とほとんど差のなかった両親の養育態度

5.1. 「対照群との比較検討」を行った1986年の三原ら論文

　しかし、1986年に『児童青年精神医学とその近接領域』第27巻第2号に掲載された、いずれも精神医学の三原龍介と市川光洋による共著論文「登校拒否の臨床的研究——家庭内暴力による分類を中心に」[20]は、著者らの言葉でいう「登校拒否群」と「正常対照群」との比較検討を行ったものであった。つまり、『児童（青年）精神医学とその近接領域』誌上にも、とうとう「対照群との比較検討」を行った不登校論があらわれたのである。そこで、その内容について以下に見ておきたいと考える。

5.2. 三原ら論文への疑問：方法的不備と非論理性

　三原らの研究は、「臨床的研究」と銘打ったその論文題目からは少々うかがいにくいが、実は質問紙法による調査を基礎資料とした不登校研究である。「登校拒否群」については保護者宛てに調査用紙を郵送して回答記入を依頼し、回収方法も同様に返送用封筒により保護者から直接郵送してもら

ったといい、一方「正常対照群」については児童・生徒の担任に調査を依頼して保護者からの回答を求めたという。

三原らが「正常対照群」との比較検討を行ったのは、①性別・年齢、②本人の性格、③両親の性格、④両親の養育態度、⑤第一反抗期、についてである。つまり、両親に関しては、「養育態度」の他に「性格」も調査している。

ただ、私の見るところ、三原らの調査方法には問題がある。というのは、「両親の養育態度」に関しては「田研式親子関係診断テスト」によって客観的に調査しているのであるが、これに対して「両親の性格」に関しては、母親の性格は父親が／父親の性格は母親が評価したものになっているのである（したがって「片親」の場合は研究対象になっておらず、この点にも違和感を覚えざるを得ない。本章の「3.1.」で見たように、高木などは「父親のいないケースが意外と多い」ことに注目していた）。つまり、「両親の性格」に関しては、例えば同一の観察者による評価に基づいているわけではないのであって、それゆえ客観性が何によって保証されているのか、分からないのである。

ともあれ、この点に目をつぶって結果を見てみると、三原らは「母親」については、「さほど著しい性格のかたよりや養育態度は示されなかった」[21]と述べている。つまり、母親に関しては「性格」も「養育態度」も余り問題はなかったのである。

これに対して「父親」については、「神経質性」、「内閉性」、「粘着性傾向」などが「性格」上の問題点として示された、と述べている[22]。しかし、「田研式親子関係診断テスト」を用いて評価した「養育態度」の方は、母親同様、父親も「登校拒否群」と「正常対照群」との間でほとんど差が出なかったという（ちなみに、「養育態度」で有意差が出た項目は、母親も父親も10項目中1つのみ[23] であった。項目は母親が「消極的拒否」（P＜0.01）、父親は「盲従」（P＜0.05））。

要するに、はっきりと問題があったのは「父親の性格」だけであった。

ここから先の三原らの思考は不可解を極めている。彼らは、「父親」について、「内閉性」などのことは「性格」の調査結果と臨床場面の印象とが一

致していると述べた後で、「しかし、親子関係テストにおける結果はほとんど正常範囲内であった」[24]と記述せざるを得なかった。父親に関する調査結果が、その「性格」には問題があるものの、その「養育態度」には問題がない、という整合的でないものになったため、三原らは説明に困ることになったと思われる。その結果、彼らは前記の「親子関係テストにおける結果はほとんど正常範囲内であった」という文に続けて、「彼ら（山岸注：「登校拒否群」の父親たち）はもはや自分自身の養育態度の問題点を自覚することさえできなくなっているのかもしれない」[25]というなんとも妙な味わいの文を連ねている。

　三原らによれば、「登校拒否群」の父親たちというのは「自分自身の養育態度の問題点を自覚することさえできなくなっている」ゆえに「親子関係テストにおける結果はほとんど正常範囲内」になったという。これでは、自己認識に脆弱性がある人であればそれゆえに心理テストの結果がよいものになる、という話になってしまう。とすれば、「田研式親子関係診断テスト」はアテにならない心理テストである、ということにもなってしまうはずである。彼らは、なぜ、わざわざ、そのような心理テストを用いて論文を書いているのか。

5.3.「父性の不在／父親像の弱体化」原因説の不支持

　そもそも、「父親の性格」が悪く出ているのは、彼らの配偶者がそのように評価したというに過ぎない。思うに、これは、配偶者による何らかの不満の表現ではないのだろうか。例えば、不登校の子どもというのは基本的に自宅で閉じこもりがちな生活を送っているのであるが、1980年代は専業主婦の多い時代であり、母親は同じ住居内という閉ざされた環境の中で子どもの問題を一手に抱え込む格好になっていたと思われる。それゆえ、家に不在がちな父親に不満がつのっていたと考えられないこともない。そういうふうに、それが配偶者による不満の表現だったとでも考えてみないと、「母親の性格」「母親の養育態度」「父親の性格」「父親の養育態度」のう

ち、3番目のものだけが悪く評価されているという突出した一極性ないし非対称性は、むしろ理解できないように思われる。

とはいえ、やはり、本当のところはよく分からない。或いは素直にそういうコメントを付しておくのが妥当ではなかったかとも思われる。

いずれにしても、見てきたように、三原らの研究にはかなり不思議なところがある。ただし、「田研式親子関係診断テスト」を用いて「両親の養育態度」を調査した部分は、客観的な自己評価テストにそくしたものであり、その調査結果にも或る程度の確かさが見出せると思われる。その調査結果によれば、繰り返しだが「登校拒否群」と「正常対照群」との間で、ほとんど違いが出なかったわけである。

とすれば、高木の「父性の不在／父親像の弱体化」原因説は、対照群との比較検討を行った場合には支持し得ない学説であった、といえよう。三原らの研究の不十分性から、どこまでも一定の留保は忘れてはならないとも思うが。

【注】

1) 文部省学校不適応対策調査研究協力者会議「登校拒否問題について——中間まとめ」p1、1990年。この文献は、文部省教務研究会『詳解　生徒指導必携』pp458-465、ぎょうせい、1991年、に収められている。

2) 高木隆郎「学校恐怖症の問題点（第2回児童精神医学会一般演題抄録・討議）」『児童精神医学とその近接領域』第3巻、p42、1962年。

3) 齊藤万比古「1993年：登校拒否の現状と治療」『不登校の児童・思春期精神医学』pp48-49、金剛出版、2006年：原著1993年。

4) 次の諸論文及び抄録を参照して、私の文責でまとめたものである。高木隆郎前掲「学校恐怖症の問題点（第2回児童精神医学会一般演題抄録・討議）」；Takagi,R.: Mental mechanism of school phobia and its prevention. *Acta Paedopsychiatrica*, **30**; 135-140, 1963；高木隆郎「学校恐怖症」『小児科診療』第26巻、pp433-438、1963年；高木隆郎・他「学校恐怖症の典型像（I）」『児童精神医学とその近接領域』第6巻、pp146-156、1965年；高木隆郎「学校恐怖症の家族研究」『精神神経学雑誌』第69巻、

pp1048-1053、1967年；高木隆郎「学校恐怖症——神経症的登校拒否と現代の家族」『からだの科学』第29号、pp54-58、日本評論社、1969年；高木隆郎「登校拒否を生む親」『教育心理研究』第32号、pp29-37、1971年；Takagi,R.: The family structure of shool phobics. *Acta Paedopsychiatrica*, **39**; 131-146, 1972；高木隆郎「登校拒否の心理と病理」『季刊精神療法』第3巻、pp218-235、1977年；高木隆郎「登校拒否の心理と病理」内山喜久雄（編）『登校拒否』pp11-58、金剛出版、1983年；高木隆郎「登校拒否と家族」内山喜久雄（編）前掲『登校拒否』pp59-79；高木隆郎「登校拒否と現代社会」『児童青年精神医学とその近接領域』第25巻、pp63-77、1984年；高木隆郎『児童精神科のお話』pp106-141、合同出版、1985年。

　なお出典に関して一言、いっておきたいことがある。高木の1971年論文「登校拒否を生む親」の出典は、高木の1977年論文「登校拒否の心理と病理」においても、また1983年論文「登校拒否の心理と病理」においても、それは『教育心理学研究』となっているのであるが、これはいずれも間違いであり、正しくは『教育心理研究』がその出典である（つまり「学」がないのが正しい）。私自身が論文「登校拒否を生む親」にたどり着くのに大変、苦労したので一言付す次第である。

5) 前注を参照のこと。

6) 高木隆郎前掲「登校拒否と家族」p70。

7)「父性の不在／父親像の弱体化」原因説は、わが国における不登校研究の初期に限っても次のような専門家によって主張された。牧田清志・小此木啓吾・鈴木寿治「思春期児童における登校拒否の精神力学的背景——その父親像をめぐって」『精神分析研究』第10巻第3号、p5、1963年；牧田清志・小此木啓吾・鈴木寿治「思春期登校拒否児の臨床的研究——とくに慢性重症例について」『児童精神医学とその近接領域』第8巻、pp377-384、1967年；小此木啓吾・菊地正子・金田扶美子「思春期精神発達における登校拒否の identification conflict, negative identity & identity resistance ——いわゆる登校拒否児童の自我発達をめぐって」『精神分析研究』第10巻第2号、pp15-24、1963年；斎藤久美子・他「学校恐怖症の収容治療——状態像および治療的変化にかんする要因の検討」『児童精神医学とその近接領域』第6巻、pp166-181、1965年；十亀史郎「学校恐怖症の研究 (I) ——その生育史と症状発生の機制」『児童精神医学とその近接領域』第6巻、pp67-76、1965年；十亀史郎「学校恐怖症の研究 (II) ——症状発生の機制および入院治療について」『児童精神医学とその近接領域』第6巻、pp157-165、1965年；田中雅文・岡本聰美・十亀史郎「学校恐怖症の家族研究——その父親像を中心に」『児童精神医学とその近接領

域』第7巻、pp121-131、1966年；梅垣弘「学校恐怖症に関する研究（I）──学校恐怖症の予後」『児童精神医学とその近接領域』第7巻、pp231-243、1966年；若林慎一郎・伊東秀子・伊藤忍「学校恐怖症または登校拒否児童の実態調査」『児童精神医学とその近接領域』第6巻、pp77-89、1965年。

　　さらには、序論の【本人・家庭原因説の具体例】も参照のこと。

8) 高木隆郎前掲「学校恐怖症の家族研究」p1052。

9) 注の4)を参照のこと。

10) 多賀太「性別役割分業が否定される中での父親役割」広田照幸（編）『子育て・しつけ（リーディングス・日本の教育と社会第3巻）』pp117-119、日本図書センター、2006年；原著2005年。

11) 児玉憲典「訳者あとがき」ピーター・ブロス（児玉憲典訳）『息子と父親　エディプス・コンプレックス論をこえて──青年期臨床の精神分析理論』p256、誠信書房、1990年。

12) 小島信夫『抱擁家族』講談社・講談社文芸文庫、1988年；原著1965年、及び、江藤淳『成熟と喪失──"母"の崩壊』講談社・講談社文芸文庫、1993年；原著1967年、といった文学作品は、「父性の不在／父親像の弱体化」という問題が、当時の一般的な社会現象になりつつあったことをうかがわせるものである。これらが日本文学を代表する作品であることを考慮して、関連文献としてあげておきたいと思う。

13) 高木隆郎前掲『児童精神科のお話』pp125-126。しかし、実は高木のデータには「父不在に関してこの数字は……他の研究者の調査のものよりもずっと高いようである」（高木隆郎前掲「登校拒否の心理と病理」p41）という特徴＝偏りもあったのである。にもかかわらず、高木は「大学病院精神科外来には（山岸注：高木のカルテの出所は「京大精神科外来」であった）それだけ重篤な症例が集まるという考え方も成立しよう」と述べることによって、このデータの特殊性＝偏りという問題点をスルーさせてしまっていた。このあたりのことについて、高木は次のように述べている。

　　　　統計的には不十分な資料かもしれませんが、私は、こうした家族の特徴を重大と考えましたので、このことを前述のモデルの説明に役立てようとしました。つまり、児童期後半、あるいは青年期になって、自我の社会化がうながされるときに父親の存在が必要なのではないか、という提案を行って、それまでの母子関係を中心とした児童精神医学に対し、父親のことをもっと取り上げなけれ

ばいけないと警告しました。(高木隆郎前掲『児童精神科のお話』p126)

　この話は、しかし合理的ではないように思われる。なぜなら、高木が「こうした家族の特徴を重大と考え」るのは自由だが、それが事実をついているかは別の話だからである。さらに、従来の児童精神医学が母子関係中心のものだったことと、不登校の原因が本当に父子関係にあるのかどうかは、これもまた別の話である。

14）佐藤修策『登校拒否ノート──いま、むかし、そしてこれから』p323、北大路書房、1996年。

15）高岡健・平田あゆ子・藤本和子「学校と精神医学──英国の動向と日本における問題点」『児童青年精神医学とその近接領域』第39巻、pp403-419、1998年。

16）佐藤修策前掲『登校拒否ノート──いま、むかし、そしてこれから』pp323-335。

17）以下の27編である。掲載誌名の『児童（青年）精神医学とその近接領域』は省略して、掲載順に記してゆく。

　伊藤克彦「児童神経症の1考察──登校拒否女子学童の2症例を中心として」第3巻、pp147-154、1962年；鑪幹八郎「学校恐怖症の研究（I）──症状形成にかんする分析的考察」第4巻、pp221-235、1963年；鑪幹八郎「学校恐怖症の研究（II）──心理治療の結果の分析」第5巻、pp79-89、1964年；十亀史郎前掲「学校恐怖症の研究（I）──その生育史と症状発生の機制」；若林慎一郎・伊東秀子・伊藤忍前掲「学校恐怖症または登校拒否児童の実態調査」；菅谷克彦「6才の学校恐怖症の1治験例」第6巻、pp105-113、1965年；菅谷克彦「収容治療の1経験例」第6巻、pp114-120、1965年；十亀史郎前掲「学校恐怖症の研究（II）──症状発生の機制および入院治療について」；斎藤久美子・他前掲「学校恐怖症の収容治療──状態像および治療的変化にかんする要因の検討」；田中雅文・岡本聰美・十亀史郎前掲「学校恐怖症の家族研究──その父親像を中心に」；梅垣弘前掲「学校恐怖症に関する研究（I）──学校恐怖症の予後」；斎藤久美子・他「登校拒否児の収容治療──類型的検討」第8巻、pp365-376、1967年；牧田清志・小此木啓吾・鈴木寿治前掲「思春期登校拒否児の臨床的研究──とくに慢性重症例について」；竹中哲夫「登校拒否児の心理治療における治療者の立場の問題──カウンセリング事例の比較的研究」第9巻、pp187-196、1968年；植元行男・他「ロールシャッハ・テストを通じての登校拒否の精神病理学的考察」第9巻、pp253-267、1968年；小野修「登校拒否児の基礎的研究──1. 香川県における1調査」第13巻、pp250-260、1972年；黒田健次「登校拒否児の治療訓練キャンプ」第14巻、pp254-273、1973年；貴志英一・森下一「学校恐怖症から精神分裂病様相像を呈した1症例──病者

をめぐる治療状況」第14巻、pp316-321、1973年；今川義昭「学校恐怖症に適用した収容治療による系統的脱感作法」第15巻、pp124-131、1974年；二橋茂樹・他「登校拒否児の収容治療」第18巻、pp296-308、1977年；伊藤克彦「青年期登校拒否への治療的接近の一考察」第19巻、pp73-90、1978年；岡崎哲也・他「登校拒否症に対する疫学的接近——昭和53年島根県内小・中・高全校調査に基づいて」第21巻、pp333-342、1980年；辻平治郎「登校拒否児の自己意識と対人意識」第22巻、pp182-192、1981年；若林慎一郎・他「登校拒否と社会状況との関連についての考察」第23巻、pp160-180、1982年；本城秀次「家庭内暴力を伴う登校拒否児の特徴について」第24巻、pp337-353、1983年；佐野勝徳・他「生育歴からみた登校拒否の発生要因とその予防法について」第25巻、pp285-295、1984年；牧原寛之・長屋正男・中嶌真知子「単親家庭の登校拒否に関する研究——7年間の児童相談所記録に基く分析（山岸注：「基く」原文ママ）」第26巻、pp303-315、1985年。

18) 私の目についた限り、次の諸論文が脱落している。これも掲載順に記す。

中園正身「中学男児登校拒否の症例研究——家庭と学校状況が人格形成におよぼす影響を中心に」第21巻、pp203-214、1980年；古川八郎・菱山洋子「学校ぎらいの統計研究（1）——東京都における出現率の推移と社会的要因の考察」第21巻、pp300-309、1980年；菱山洋子・古川八郎「学校ぎらいの統計研究（2）——全国における出現率の推移と社会的要因の考察」第23巻、pp223-234、1982年；北村栄一・他「一公立中学校における過去15年間の不登校の実態」第24巻、pp322-336、1983年；湯野川淑子・他「青年期前期女子における不登校と交友関係についての一試論」第25巻、pp296-302、1984年。

ただし、「対照群との比較検討の不在化」は、これらの諸論文のいずれにも、やはり確認される。

19) 注の17) を参照のこと。

20) 三原龍介・市川光洋「登校拒否の臨床的研究——家庭内暴力による分類を中心に」『児童青年精神医学とその近接領域』第27巻、pp110-131、1986年。

21) 同前、p124。

22) 同前。

23) 同前、pp117-119。

24) 同前、p124。

25) 同前。

第2章
「肥大した自己像」原因説の行方
――――英語圏と日本語圏で

　そして、一九七〇年代に入ると対照群をとった実証的研究が続出
し、その殆どが自閉症児家族の特異性を否定した。……過去の自
らの主張との矛盾には口をぬぐってしらぬ顔ですます傾向の強い
わが国の研究者の無節操さに比べて、過去の大家の研究所見を否
定するためにかなり膨大な追試的研究が数多く発表されるのは欧
米の一つの特徴である。……だが、わが国では「(山岸注：例えば
対照群との) 差異は認められなかった」とするような否定的結論を
もつ論文は殆ど論文にさえなりにくいといえる。[1]

――小澤勲・1984年

1. 鑪幹八郎の不登校論

1.1.「母子関係」から「子どもの自己」へ

　臨床心理学の鑪幹八郎は――前章で事例研究対象とした高木と共に――
清原、及び伊藤の研究において、本人・家庭原因説の代表的な主張者とさ
れている専門家である。鑪の本人・家庭原因説もまた、高木のそれと同様、
先行する〈母との分離不安説〉に対するアンチテーゼとして提出されたも
のである。そこでも、やはり「分離不安は結果であって原因ではない」と
捉えらえていた。
　とはいえ、同じ反分離不安説の立場でも、高木が「父性／父親像」に光

156 ｜ 第3部　わが国の不登校研究の問題点

を当て家族病理の文脈に引きつけた原因論を主張したのとは対照的に、鑪は「子ども個人／子どもの自己」に光を当て個人病理の文脈に引きつけた原因論を主張した。例えば伊藤は次のように述べている（下線は山岸による）。

　……日本でも鑪（1963）が、Rogersの理論を背景に、不登校の心理機制を自己概念と現実経験の不一致としてとらえ、分離不安とは異なる子ども個人の自己像や自己意識の病理に注目した議論を展開している。[2]

1.2. 自己像や自己意識の病理が中心的な原因

　伊藤が「鑪（1963）」として取り上げていたのは、鑪が1963年に公表した論文「学校恐怖症の研究（I）――症状形成に関する分析的考察」[3]である。ちなみに高木はその論文「登校拒否の心理と病理」の中で、鑪のこの本人・家庭原因説を、次のように要約・紹介している。

　……鑪によれば、要するに学校恐怖症というのは「症児にとっては、学校状況における経験が症児の自己概念に受けいれられないものとしてはたらいており、かれらは自己概念を維持するために学校状況を拒否している状態」あるいはもっと端的に「自己概念と現実経験とのずれ」という自我理論による一般化も可能なのである。[4]

　鑪は、このような本人・家庭原因説を、次のように1990年になっても主張している（下線は山岸による）。

　この問題（山岸注：不登校問題のこと）の中心には強すぎる自己意識がみられる。この過剰な自己意識は、かなり早い時期につくりあげられている。この子どもたちは、周囲から優等生として見られたり、期待されたりしている。これに応えるように努力するし、その努力がうま

くいくときには、「自分はできるのだ」という自己誇大感をつくりあげ
ていく。その意識と外からの要求を満たす能力がつねにマッチしてい
ると問題はおこらない。

　しかし、能力よりも現実の要求がおおきい場合、自己意識にキシミ
が生じはじめ（山岸注：そして不登校にな）る。……
　……
　自意識の中心に座っている自尊心の変化がないかぎり、子どもたち
の苦しみは収まらない。5)

　1990年の鑪は、以上のように、「強すぎる自意識」、「自己誇大感」、「自尊
心」などのいわば「肥大した自己」を意味する言葉を積極的強調的に用い
ることによって、以前の「ずれ」理論をより彫りの深いものにしている。
「肥大した自己」による現実経験との「ずれ」から不登校が生じるとする、
このような不登校論を、以下では「肥大した自己像」原因説と呼ぶことと
する。

1.3. レーベンタールとの「一致」

　ところで、高木は、先に引用した論文「登校拒否の心理と病理」におい
て、アメリカ、イギリス、ドイツ、日本の不登校研究－不登校論を概観し
つつ、鑪について次のように言及している。

　　　ところで、さきの鑪の自己概念self-concept（Rogers）をそのままレー
　　　ベンタール（や宇津木）のself-imageにおきかえると、両説のあまりに
　　　も一致していることに驚かされるが、実は鑪の発表の方が1年早い。6)

　このように高木は、鑪の不登校論とレーベンタール（Leventhal, T.）のそ
れ（及び宇津木のそれ）との「一致」をも指摘する。鑪とレーベンタールとの
「一致」は、他の専門家によっても指摘されるところで、例えば精神医学

の上林靖子も次のように述べている。

　　　（山岸注：不登校の心理機制についてはいくつかの考え方が提唱されてきた
　　が）その一つは、自己の能力、成績を過大に評価し、全能感をもって
　　いる子どもにみられる回避反応が登校拒否であるとするものである。
　　かれらは、学校状況という現実場面において、虚構的な自己像を脅か
　　され、不安に陥る。これを避けるために家庭に回避した状態が登校拒
　　否であると言うことが出来る。これが自己像脅威説（Leventhal、鑑）
　　である。[7]

　しかしながら、鑑の不登校論−原因論とレーベンタールのそれは、同じ
内容のものだったのにもかかわらず、日本語圏と英語圏とで、その寿命を
分けゆく。端的にいうと、日本語圏では見たように1990年になっても主
張されていたのに対して、英語圏では1970年代には見かけられないもの
となったのである。
　このような違いは、なぜ生じたのか。以下では、この巡り合わせに注目
して比較考察を展開したいと考える。[8]

2. 1970年代の英語圏における
「肥大した自己像」原因説のフェードアウト

2.1.「母子分離不安」原因説から「肥大した自己像」原因説へ

　レーベンタールら（1964年のレーベンタールによる不登校論は実はシルズ（Sills,
M.）との共著論文である）による「肥大した自己像」原因説の主張は、高木が
触れていたように、鑑に1年遅れて、1964年のことである。これもやはり、
先行する〈母との分離不安説〉に対するアンチテーゼとして提出されたも
のであった。

具体的には、ジョンソン（Johnson, A. M.）らによる「母子分離不安」原因説を批判し、乗り越えの対象としていた。すなわち、1941年、アメリカの女性精神科医であったジョンソン及びその他3名は、大きな不安を伴い学校を欠席する子どもに対して「学校恐怖症（school phobia）」という診断を行ったのであるが、一般にこれが世界的に見た不登校研究の始まりとされている。ジョンソンらは、学校恐怖症＝不登校の本質は母子間の分離不安（separation anxiety）であり、過去の不適切な母子関係ゆえに無意識的に生じている潜在的な不安が学校に対する恐怖として置き換えられて不登校が生じる、というふうな理論化を行ったのであった[9]。

　このジョンソンら流の「母子分離不安」原因説が、不登校研究の始まったアメリカで当時、精神分析理論が隆盛を迎えつつあったことも手伝って、1941年以来、長らく支配的な原因論として英語圏の不登校研究の学界に君臨していた。そんな中、1964年、レーベンタールとシルズは論文 "Self-image in school phobia"[10] を公表して、ジョンソンらに対する反論を展開する。以下のようにである。

　レーベンタールらは、母子間の分離不安が学校恐怖症＝不登校の本質ならば、①低年齢の子どもほど学校恐怖症になるはずだが現実はそうなっていない、②また学校以外の活動の場にも行けなくなるはずだが現実はそうなっていない、などということを反論の主な根拠とした[11]。

　そして、母子関係ではなく、不登校の子ども本人に光を当てて、次のような「肥大した自己像」原因説を提出したのである——不登校の子どもは、自己を過大評価した非現実的な自己像、すなわち「肥大した自己像（preferred self-image）」[12] を持っているため、これが現実の学校状況で脅威にさらされ、不安を感じ、自己愛的に自我像を維持できるような状況に待避しなければならなくなる、結局これが原因ではなく結果としての母親との強い結びつきになっているのであり、「母子分離不安」原因説は結果を原因と誤読している[13]、と。

　レーベンタールらは論文の後半で、自分たちの事例（case）を3例ほどあ

160　第3部　わが国の不登校研究の問題点

げて、その「肥大した自己像」原因説の正当性を印象づけている[14]。

2.2. 対照群を用いた「肥大した自己像」原因説の検証

しかし、1970年、ニコルズ（Nichols, K. A.）とバーグ（Berg, I.）は論文"School phobia and self-evaluation"[15] を公表して、レーベンタールらに対する不支持を表明する。すなわち、レーベンタールらの「肥大した自己像」原因説の検証を試みたものの、支持する証拠が得られなかった、と述べたのである（ちなみに、ジョンソンら及びレーベンタールらの不登校論が掲載されたのがアメリカの雑誌であったのに対して、ニコルズらの不登校論が掲載されたのはイギリスの雑誌であった）。

ニコルズらは、①レーベンタールらの主張する通りであるとすれば、不登校の子どもは"self-evaluation"が高いはずだ、と仮説を立てた。その際、ニコルズらは、レーベンタールらがその論文において"self-image"と"self-evaluation"という2つの概念を用いていることを指摘して、自分たちは調査目的に照らして利便性の高い後者の概念を用いるとしている。

②そして、自分たちのクリニックの利用者を「急性不登校児群」、「慢性不登校児群」、「対照群」の3つのグループに分け、さらに、男女比・年齢（13歳代）・知能指数その他を統制して、自己評価の客観テストである意味微分法（Semantic Differential）を用いて仮説を検討したのであった[16]。

③その結果、ニコルズらの結論は、レーベンタールらの主張は支持し得ない、というものになった。ニコルズらは、概してグループ間に違いは見られない、ただし「慢性不登校児群」の"self-evaluation"が最も低いという傾向は見られる、と述べている[17]。

2.3.「肥大した自己像」原因説のフェードアウト

さて、1970年以降、以上のようなニコルズらによる反論に対して、レーベンタールらが再反論を提出した様子は見当たらない。

その一方で、1970年のニコルズら論文"School phobia and self-evaluation"

においてはセカンド・オーサーであったバーグが、10年後の1980年に単著論文 "School Refusal in Early Adolescence" [18] を公表して、同様の論旨、すなわち「レーベンタールらの主張はそれを否定するテスト結果があり支持し得ない」という主張を繰り返している [19] のを見出すことができる。

また、1990年にハーソフ（Hersov, L.）があらわした、各種の不登校研究－不登校論を展望した総説論文 "School Refusal: An Overview" [20] には、レーベンタールらの「肥大した自己像」原因説に対してはニコルズらによる不支持の他にも、1984年のクーパー（Cooper, M.）によるやはり "self-evaluation" を客観テストによって調べた上での不支持 [21] があり、さらには1983年にはヒース（Heath, A.）の博士論文 [22] においても不支持が表明されている、と述べられている [23]。

このように見てくると、レーベンタールらによる「肥大した自己像」原因説の主張というのは、1970年にニコルズらによって批判されて以降、英語圏ではフェードアウトしていったものと考えられるのである。

3. 日本語圏における「肥大した自己像」原因説の君臨 : 1963年～1990年

3.1. 1966年の宇津木えつ子による「肥大した自己像」原因説

これに対して、日本語圏における「肥大した自己像」原因説の主張は、一体どのような経緯をたどっていったのか。

1963年に論文「学校恐怖症の研究（I）——症状形成に関する分析的考察」を公表した鑪幹八郎は、翌1964年にはその続編「学校恐怖症の研究（II）——心理治療の結果の分析」[24] を公表する。さらには1968年にこれらの論文2編を基礎論文とした——したがって一部で「肥大した自己像」原因説の主張の見られる——博士論文「学校恐怖症に関する研究」[25] によって京都大学から教育学の博士号を取得している。また1975年にはコラム「教

162　第3部　わが国の不登校研究の問題点

師のための心理学⑨　登校拒否」[26] において「肥大した自己像」原因説を
手短に主張している。

　ただし、私の見るところ、鑢はこれ以降、不登校というテーマに関して
は長い空白期間を持つ。1980年に「登校拒否の治療」[27] という論文をあら
わしてはいるが、これはそのタイトルに明らかなように治療論であり、基
本的に原因論には触れていない。さらに、1989年にあらわした「登校拒否
と不登校——神経症的発現から境界例および登校無関心型へ」[28] という講
演をもとにした論文においても、原因論らしい原因論を鑢は述べてはいな
い。しかしながら、翌1990年には著書『アイデンティティの心理学』をあ
らわし、その中で、本章の「1. 2.」に引用した「肥大した自己像」原因説の
主張を行っているのである。

　ただし、鑢流の本人・家庭原因説－「肥大した自己像」原因説は、鑢本
人の空白期間においても、主に臨床心理学の学界において、たゆまず主張
されていたのであった。

　本章の「1. 3.」で引用した高木の論述には、「さきの鑢の自己概念self-
concept（Rogers）をそのままレーベンタール（や宇津木）のself-imageにお
きかえると、両説のあまりにも一致していることに驚かされる」とあった
はずである。この論述からは、要するに、「宇津木」という専門家もまた、
鑢やレーベンタールと同様の「肥大した自己像」原因説を主張していたこ
とがうかがわれよう。

　ちなみに、この「宇津木」は、1957年に板橋登美と共著で「登校を嫌が
る女児とその母親——女児に対する遊戯療法と母親に対する社会治療の経
過について」をあらわした（第1部第2章の「1.」を参照のこと）、あの「宇津木
えつ子」であろうと思われる（勤務先が同じなのでそうではないかと考えるのだ
が、ただし「悦子」が「えつ子」になっているので断言は避けておく）。

　高木が取り上げていた宇津木論文は、1967年の「登校拒否児童のSelf-
Imageについて」[29] であるが、実は、宇津木はこの前年の1966年には、既
に「肥大した自己像」原因説の立場に立脚した論文「学校恐怖症の治療に

第2章　「肥大した自己像」原因説の行方　163

関する二、三の考察──5ケースの分析を中心として」[30] をあらわしていた。そこで宇津木は次のように述べている（下線は山岸による）。

　……学校恐怖症を形成した直接の契機は教師の叱責（事例2、3、5）友人の批評（事例4）であったが、それらが、彼らの<u>非現実的な拡大された自己像</u>を傷つけ、脅かすため、彼らは学校場面より逃避して、その自己像の保全を企てていたものとみられる。[31]

3.2. 鑪－宇津木－村山－玉井－鑪の「肥大した自己像」原因説の主張

　ただし、宇津木えつ子という人は、論文「登校拒否児童のSelf-Imageについて」を1967年に公表した後、不登校研究の学界では──また臨床心理学の学界でも──、その論文を見かけなくなってしまうのである。

　だが、1972年になると、あたかもその代わりであるかのように、今度は臨床心理学の村山正治が著書『登校拒否児』をあらわし、その中で──ちなみに以下の引用部分の小見出しは「過大な自己」である──次のような主張を展開する（下線は山岸による）。

　　ある母親が自分の子どもを形容するのに「誇り高き男」といみじくもよんだように、年齢をとわずすべてのケースの特徴は、<u>過大な、傷つきやすい自己像</u>を抱いていることである。……現実の学校生活の場面ではかれらがいつでも"優秀である"とはかぎらない現実をたびたびフィードバックしてくれるにもかかわらず、自己像は（山岸注：レッキーやロジャーズにしたがえば一貫性を持つものだから）維持されねばならない。現実から逃げ出さざるをえない。学校へ行けなくなるのはそうした結果であるとみられる。[32]

　このような、鑪流の「肥大した自己像」原因説の主張は、これ以降も、わが国においては、断続的に展開されていることが確認できる。以下にそ

の様子を展望してみよう。

①1973年、小泉英二は不登校のタイプ分けを行い、「優等生の息切れ」というタイプの存在を提案すると共に、「自尊心の強さ」をこのタイプの「性格上の欠点」の1つとしてあげた（ちなみに他は「完全主義欲求」と「融通のきかなさ」である）33)。もっとも、小泉自身は、個人病理的色彩の強い「肥大した自己像」原因説の立場に積極的に立脚するのではなく、本人の性格と親子関係の双方を問題視する立場に立っていた（第2部第1章を参照のこと）。

②1979年には、小泉が示した「優等生の息切れ」というタイプ概念に強く賛同しながら、臨床心理学の玉井収介が、「肥大した自己像」原因説を主張している。玉井によれば、このタイプには「肥大した自分の理想像」が見出せるのであり、これが不登校の原因になるのだという34)。

③1980年には、村山が、1972年と同様の主張を展開している35)。なおその際、村山は、その論述を行った部分に「登校不能は過大な自己像の防衛の結果」という見出しを立ててもいる36)。

④1983年には、玉井が、1979年に引き続き、次のように述べている（下線は山岸による）。

　　（山岸注：不登校の子どもをいくつかのタイプに分ける試みがなされるようになったが）まず、多くの人が一致して指摘するのが「優等生の息切れ」タイプである。ある時期までは優等生で成績もよく、まわりからも期待されている。本人もその期待に沿うべく努力する。そうしているうちに、本人の中に、優秀であらねばならない、といった使命感というか、肥大した自我像というかが生じてくる。何もかも優秀でなければ気がすまないのである。そして理想と現実が一致しているうちはよい。だが、学年が進み、することがむずかしくなってくるとそこにギャップが生じる。そして、ガクンと挫折する。そして登校できなくなる。37)

⑤1990年には、本章の「1. 2.」において見たような、鑪による「強すぎる

自意識」、「自己誇大感」、「自尊心」などの言葉を用いた「肥大した自己像」原因説の主張が行われている。[38]

3.3.「肥大した自己像」原因説の臨床心理学界における君臨

以上に見てきたように、わが国においては、「肥大した自己像」原因説が断続的に主張され続けてきた経緯がある。これは、1963年の鑪に始まり、以後、宇津木、村山、玉井といった臨床心理学の専門家を経由して、1990年には再び鑪のところに戻ってきたと表現できる。この間、約四半世紀である。

1960年代の半ばに姿の見えなくなってしまった宇津木はともかく、村山、玉井、鑪といった人々が、いずれも臨床心理学の学界において権威ある専門家として君臨していたのは、誰もが認めるところであろう。したがって、彼らが主張し続けた「肥大した自己像」原因説もまた、臨床心理学の学界において、1963年から1990年まで約四半世紀にわたって影響力を及ぼし続けていたものと思われる。

ちなみに1990年というのは、文部省が従来の主張を180度転換して本人・家庭原因説の放棄におよんだ年である（第2部第2章を参照のこと）。鑪の『アイデンティティの心理学』の公刊は、文部省による本人・家庭原因説の放棄の約2ヶ月前のことである。もし、文部省という権威の態度変更がなかったのなら、鑪はこの先もまだまだ「肥大した自己像」原因説の主張を続けていたのかもしれない。

4.「肥大した自己像」原因説の日英比較考察

4.1. 再び「対照群を用いた検証の不在化」という方法的問題点

以上に見たように、1963年と1964年という、同じ時期に生まれた「肥大した自己像」原因説が、英語圏においては1970年代にはフェードアウトしていったのに対して、日本語圏においては1990年に至ってもなお主

張されていた。

　この違いは、「対照群を用いた検証」の有無に起因していると思われる。すなわち、英語圏においては、1964年に主張されたレーベンタールらによる「肥大した自己像」原因説に対して、1970年にはニコルズらによる「対照群」を用いた検証が行われたのであるが、これに対してわが国では、そのようなことはほとんど行われた形跡がないのである（前章を参照のこと）。それゆえに、わが国においては1990年になってもなお「肥大した自己像」原因説が堂々と主張されていたのだ、と考えられる。

　しかしながら、今なお「肥大した自己像」原因説を主張している専門家は見当たらない。私の見るところ、鑪も村山も玉井も、1990年以降、「肥大した自己像」原因説に基づいた不登校論を論じてはいないようだ。これはやはり文部省の影響だろう。1990年に、文部省という権威による態度変更、すなわち本人・家庭原因説の放棄と「不登校はどの子どもにも起こり得る」という言説の提示が行われて以降、「肥大した自己像」原因説は主張しにくくなったと見るのが妥当と思われる。ともあれ、結果的に、「肥大した自己像」原因説の否定ということに関して、わが国の不登校研究の学界は、英語圏に20年近い遅れをとったのだといえる。

　以上から、わが国の不登校研究の問題点として、ここに再び「対照群との比較検討の不在化」という方法的問題点が見出される。

4.2. その他の問題点

4.2.1. 英語文献に対する目配りの甘さ

　一方で、見方を変えれば、英語文献に対する目配りの甘さも指摘できるものと思われる。

　つまり、例えば1970年のニコルズら論文 "School phobia and self-evaluation" や、或いは1980年のバーグ論文 "School Refusal in Early Adolescence" を、鑪なり村山なり玉井なりが読んでいれば、彼らによる「肥大した自己像」原因説の主張もためらわれたはずだ、と考えられる。そこには、レーベン

タールらの「肥大した自己像」原因説に対する不支持が示されていたからである。

とりわけ1980年のバーグ論文 "School Refusal in Early Adolescence" に至っても、玉井や鑪が、それに目を通していなかったようであるのは、怠慢に値するのではないかと思われる。このバーグ論文を収録した論文集 "Out of School: Modern Perspectives in School Refusal and Truancy" は、およそ不登校研究を行う者には必携の書に思われるものだからである。

以上から、英語文献に対する目配りの甘さということも、わが国における不登校研究の問題点として指摘しておくべきと考える。

4.2.2. 根拠に基づかないいいかげんな発言を許す風土

私の見るところ、さらに問題のある専門家も存在する。それは第1部第1章の「9.」でも引いた精神医学の小倉清である。彼は1989年に、次のように述べている（下線は山岸による）。

> イギリスでも登校拒否は臨床の場で、大きな問題になることはないという。登校拒否という現象もほとんどない<u>という</u>。まったくないわけでもなかろうが、少なくとも臨床家の注目をひくということではな<u>いらしい</u>。もちろん、いじめっ子がいるとか、友だちが出来ないとか、先生にしかられたというようなことで、朝登校をしぶる子はいる<u>らしい</u>。そんな場合は、個人のレベルで親と先生とが話し合って対応して<u>いるようである</u>。[39]

これは、ほとんど口からの出任せなのではないだろうか。なぜなら、私が「およそ不登校研究を行う者には必携の書に思われる」といった論文集 "Out of School: Modern Perspectives in School Refusal and Truancy" は、1980年にイギリスの不登校研究の専門家が中心になって編まれた論文集だからである。

或いは、1977年に公刊され一般にイギリスの児童精神医学の教科書とされている"Child Psychiatry: Modern Approaches"においても[40]、またその第2版であり1984年に公刊された"Child and Adolescent Psychiatry: Modern Approaches"においても[41]、不登校は「School refusal」ないし「School Refusal」として項目化されている。小倉は「イギリスでも登校拒否は臨床の場で、大きな問題になることはないという」と記しているが、一体、何を根拠にそういっているのであろう。なぜ「臨床の場で、大きな問題になることはない」ものが、児童精神医学の教科書に載っているのか——小倉の話は余りにもおかしい。

　このような事実を逸脱した論述が、医師免許を持つ者によって行われていることだけでも既に驚天動地なのだが、それだけでなく、小倉もまたわが国の不登校研究の学界において代表性を認められていた専門家なのである。すなわち小倉もまた、小泉が登壇した1978年の「第19回日本児童精神医学会総会シンポジウム」のシンポジストだったのである[42]。

　それゆえなのか、さらには精神医学の石坂好樹が、小倉論文を真に受けて「『登校拒否』現象は、ヨーロッパは言うに及ばず、日本人と同じあるいはそれ以上に進学熱の高い韓国や台湾では、ほとんどみられないということであります（山岸注：ここで小倉論文が根拠として示されている）。この現象は日本というある特殊な国における現象にすぎないということです」[43]などと述べている（ただし小倉論文は実は韓国については触れていない。したがって石坂の読み取り能力にも疑問がある）。

　以上に見たことは、河合隼雄や平井信義の問題、すなわち彼らが主張していた「不登校は戦後の現象である」という言説が結局は誤謬だった問題（第1部第1章を参照のこと）と、一脈通じている。つまり、不登校研究の学界には、根拠に基づかないいいかげんな論述が、あんがい許される風土があるように見えるのである。

　さらにいえば、小倉論文と石坂論文のいずれもが、教育科学研究会の機関誌『教育』の関係によって活字化されている点にも問題がある。という

第2章　「肥大した自己像」原因説の行方　169

のは、活字化する側に不登校に関するそれなりの知識があれば、ここで取り上げて問題視した部分は、掲載に際してチェックを受けていた可能性が高いからである。つまり、この問題を通じてわれわれは、多くの教育学研究者が参加している教育科学研究会の、不登校問題に関する知識の脆弱さをも垣間見るのである。

【注】

1) 小澤勲『自閉症とは何か』p134、洋泉社、2007年：原著1984年。

2) 伊藤美奈子「学童期・思春期：不登校」下山晴彦・丹野義彦（編）『発達臨床心理学（講座・臨床心理学5）』p115、東京大学出版会、2001年。

3) 鑪幹八郎「学校恐怖症の研究（Ⅰ）——症状形成に関する分析的考察」『児童精神医学とその近接領域』第4巻、pp221-235、1963年。なお、この論文は、鑪幹八郎「学校恐怖症にかんする一考察（1）——その症状連関と原因機制について（第2回児童精神医学会一般演題抄録・討議）」『児童精神医学とその近接領域』第3巻、p43、1962年をもとにしている。

4) 高木隆郎「登校拒否の心理と病理」内山喜久雄（編）『登校拒否』p36、金剛出版、1983年：原著1977。なお、引用にあたっては横書きの、原著1977年、を参考にした。

5) 鑪幹八郎『アイデンティティの心理学』pp109-110、講談社・講談社現代新書、1990年。

6) 高木隆郎前掲「登校拒否の心理と病理」p37。

7) 上林靖子「精神科医療からみた登校拒否」『教育』通巻514号、pp35-38、国土社、1989年。

8) 「肥大した自己像」原因説そのものに対する批判的検討は、既に、横田正雄「登校拒否論の批判的検討〈その4〉——分離不安論から自己像脅威論へ」『臨床心理学研究』第28巻第3号、pp2-10、1991年、において試みられているので参照されたい。私としてはこれに付け加えることは特にない。

9) Johnson, A. M. et al.: School phobia. *American Journal of Orthopsychiatry*, **11**; 702-711, 1941.

10) Leventhal, T., Sills, M.: Self-image in school phobia. *American Journal of Orthopsychiatry*, **34**; 685-695, 1964.

11) ibid., p686.

12) "preferred self-image" を「肥大した自己像」と訳出したのは、横田正雄前掲「登校拒否論の批判的検討〈その4〉——分離不安論から自己像脅威論へ」にしたがっている。

13) Leventhal, T., Sills, M., op.cit., pp686-687.

14) ibid., pp687-693.

15) Nichols, K. A., Berg, I.: School phobia and self-evaluation. *Journal of Child Psychology and Psychiatry*, **11**; 133-141, 1970.

16) ibid., pp135-136.

17) ibid., p140.

18) Berg, I.: School Refusal in Early Adolescence. In L. Hersov, I. Berg (eds.) *Out of School: Modern Perspective in School Refusal and Truancy*, pp231-249, Jhon Wiley & Sons, Chichester, 1980.

19) ibid., p240.

20) Hersov, L.: School Refusal: An Overview. In C. Chiland, J. G. Young (eds.) *Why children reject school: Views From Seven Countries*, pp16-41, Yale University Press, New Heven & London, 1990.

21) Cooper, M.: Self-identity in adolescent school refusers and truants. *Educational Review*, **36**; 229-237, 1984.

22) Heath, A.: The self-concepts of school refusers. Ph.D.thesis, University of London, 1983.

23) Hersov, L., op. cit., p23.

24) 鑪幹八郎「学校恐怖症の研究 (II) ——心理治療の結果の分析」『児童精神医学とその近接領域』第5巻、pp79-89、1964年。

25) 鑪幹八郎「学校恐怖症に関する研究」(博士論文・京都大学・乙1121号)、pp84-86、1968年。なお博士学位の請求は1966年。

26) 鑪幹八郎「教師のための心理学⑨　登校拒否」伊藤隆二・坂野登・鑪幹八郎 (編)『教育心理学を学ぶ』p242、有斐閣・有斐閣選書、1975年。

27) 鑪幹八郎「登校拒否の治療」上出弘之・伊藤隆二 (編)『学校ぎらいの子ども (治療教育講座5)』pp84-131、福村出版、1980年。

28) 鑪幹八郎「登校拒否と不登校——神経症的発現から境界例および登校無関心型へ」『児童青年精神医学とその近接領域』第30巻、pp260-264、1989年。

29) 宇津木えつ子「登校拒否児童のSelf-Imageについて」日本臨床心理学会（編）『臨床心理学の進歩　1967年版』pp354-362、誠信書房、1967年。

30) 宇津木えつ子「学校恐怖症の治療に関する二、三の考察――5ケースの分析を中心として」日本臨床心理学会（編）『臨床心理学の進歩　1966年版』pp293-299、誠信書房、1966年。

31) 同前、p295。

32) 村山正治『登校拒否児（講座情緒障害児第4巻）』pp145-146、黎明書房、1972年。なお、書名から分かるように、この本は、不登校の子どもを「情緒障害児」と捉えたものであった。

33) 小泉英二「登校拒否の治療効果」小泉英二（編）『登校拒否――その心理と治療』p244、学事出版、1973年。

34) 玉井収介『登校拒否』pp30-31、教育出版、1979年。

35) 村山正治「学校ぎらいの子どもの原因」上出弘之・伊藤隆二（編）『学校ぎらいの子ども（治療教育講座5）』pp46-83、福村出版、1980年。

36) 同前、p67。

37) 玉井収介「登校拒否の概念」『臨床精神医学』第12巻、p812、国際医書出版、1983年。なお、全く同様の主張が、玉井収介『自閉症』pp42-43、講談社・講談社現代新書、1983年、においても行われている。

38) なお参考までに引いておくが、鑪はその後、鑪幹八郎・山下格「［対談］アイデンティティとは何か――その原点と現点を探る」鑪幹八郎・山下格（編）『アイデンティティ（こころの科学セレクション）』p154、日本評論社、1999年、において次のような発言を行っている――「登校拒否とか、中退者の問題が出てくるのも、親の価値と本人の考えのずれが、われわれの時代よりももっと大きいからではないかと思うのです」。

39) 小倉清「日本と外国の『登校拒否』現象の比較」『教育』通巻514号、pp49-55、国土社、1989年。

40) Hersov, L.: School refusal. In M. Rutter, L. Hersov (eds.) *Child Psychiatry: Modern Approaches*, pp455-486. Blackwell Scientific Publications, Oxford, 1977.

　　なお、1977年版の方は翻訳されているので該当箇を示しておく。ハーソフ．L（高木隆郎・小澤勲訳）「登校拒否」マイケル・ラター／ライオネル・エイブラハム・ハーソフ（高木隆郎監訳）『最新児童精神医学』pp451-481、ルガール社、1982年。ちなみに、ハーソフのミドルネームである「エイブラハム」は原典には見当た

らない。

41) Hersov, L.: School Refusal. In M. Rutter, L. Hersov（eds.）*Child and Adolescent Psychiatry: Modern Approaches*, pp382-399, Blackwell Scientific Publications, Oxford, 1985.

　　なお、1977年版では「School refusal」、1985年版では「School Refusal」と表記されており、引用の間違いではない。

42) 小倉清「思春期登校拒否の入院治療について（第19回日本児童精神医学会総会シンポジウム：思春期登校拒否児童の治療処遇をめぐって）」『児童精神医学とその近接領域』第20巻、pp44-48、1979年。ちなみにこれは「思春期の入院治療」一般について論じたものであり、すなわち「登校拒否の入院治療」についてはほとんど何も論じていない羊頭狗肉というべき論文である。

43) 石坂好樹「象徴としての登校拒否」教育科学研究会・横湯園子（編）『不登校・登校拒否は怠け？病い？——その「対応」をさぐる（『教育』別冊2)』pp21-22、国土社、1991年。

第3章

1980年代の教育学による不登校理解
――――横湯園子の教育科学研究会賞

> ……たしかにわれわれがみた何校かのケースというのは本当にかなり学校の規制がきびしいですね。本当に教師がバンバン生徒をぶんなぐっているしね。それで髪がちょっと長かったら教師がひっつかまえて丸坊主にして学校から帰しちゃうんです。そういう中で学校へ行けないという子がかなり出てくるわけです。[1)]
>
> ――小澤勲・1978年

> 社会、世間一般の考え方にも問題があると私は思いますが、社会を早急に変えられない以上、(山岸注：不登校の)相談は本人や家庭を対象にせざるをえない。[2)]　――緑川尚夫・1984年

1. 教育学と不登校

1.1. 教育学による不登校研究

　不登校は、十分に教育問題と考えられるものであるが、主に児童精神医学や臨床心理学によって研究され、教育学による研究の積極的な対象ではなかった。私の見るところ、文部省の態度変更が生じる1990年まで日本教育学会の機関誌『教育学研究』に不登校をテーマにした原著論文は掲載されていない。他方、教育学研究者が多く集っている教育科学研究会の機関誌『教育』が、当時の言葉でいう「登校拒否」特集を行ったのが1989年

174　第3部　わが国の不登校研究の問題点

である。

　しかし、前章の終わりで見た小倉清による「イギリスでも登校拒否は臨床の場で、大きな問題になることはないという。登校拒否という現象もほとんどないという」という非現実的な論述は、実はこの特集号において行われたものでもあった。他にも、そこには次のような、もともとは中学教師で当時市川市教育センターに所属していた横湯園子によるやはり問題のある論述が見られる（下線は山岸による）。

　　　　不登校・登校拒否にたいする原因の解明、定義と治療論の研究では <u>児童青年精神医学とその近接領域学会</u>の果たしてきた役割は大きく、多分この問題にたいしてはこの学会が今後ともリードし続けるであろうし、現在でも<u>この学会名が表しているように、その近接領域が参加してはいるが</u>、不登校・登校拒否がこれほどまでの社会病理現象となり、何か不穏な不気味な予感のする今日、各近接領域がもっと意識的に手をとりあって研究をしていく必要があるのではないだろうか。[3]

　横湯は二重に間違っている。1つは単純に「日本児童青年精神医学会」を「児童青年精神医学会とその近接領域学会」と誤記していることであるが、もう1つは、そのようによく知りもしない学会について、それが「果たしてきた役割は大きく、多分この問題にたいしてはこの学会が今後ともリードし続けるであろう」などとうんちくを語っていることである。ここにも、不登校の専門家が根拠に基づかない無責任な論述を行うという風土的な問題が顔を出しているように思われる。

1.2. 横湯園子の教育実践と教育科学研究会賞

　教育科学研究会による不登校問題の理解には、以上のように不安もあるのだが、それでも同研究会が、不登校に関する教育実践を記した本に対して、1986年に「第7回教育科学研究会賞」を与えているのは、それなりの

第3章　1980年代の教育学による不登校理解　｜　175

注目に値する。教育学界の一角から支持された教育実践には、教育学的な不登校観が反映されている、と考えられるからである。その質はともかく、少なくとも教育学が不登校問題をどのように見ていたのか、をうかがい知ることはできるのではないだろうか。

　ただ、この「第7回教育科学研究会賞」の授賞対象は、当時中学教師であった横湯園子が1985年にあらわした著書『登校拒否・新たなる旅立ち』[4]なのである。1989年の雑誌『教育』誌上における問題論述には目をつぶり、以下に横湯による不登校をめぐる教育実践を見てゆこうと考える。

2. 健二の不登校をめぐる横湯の実践報告

2.1. 教師による差別の影響が無視できない健二の不登校

　まず、教育科学研究会賞受賞作である1985年の『登校拒否・新たなる旅立ち』で報告された「健二」の不登校[5]を、以下に見てゆくが、これに関しては、日本生活指導学会の機関誌『生活指導研究』に掲載された別稿[6]があることをいい添えておく。

　そもそも、横湯は、次のように不登校の子どもたちとかかわっていたという。

　　　私は今年（一九八五年）三月まで国立国府台病院児童精神科の入院病棟児の、主として登校拒否児を対象にした市川市立第一中学校情緒障害児学級（常時六十〜七十名前後の生徒がいて通称「分校」と呼ぶ。一九六五年開設。）で、十五年にわたって思春期の登校拒否生徒の教育にかかわってきました。[7]

　健二と横湯のかかわりは1980年代前半のことであったと思われるが、彼が不登校になる経緯は次のようである[8]。

176　第3部　わが国の不登校研究の問題点

健二は、父母の離婚の後から大人不信を強め、中学入学後、担任教師との関係がこじれるにあたって、さらにその大人不信は強くなっていった。健二には、自分の意見に固執する傾向があり、授業の流れや教師の思わく、他の生徒の心の動きに関係なくそれを主張してゆく傾向があった。このことが担任とうまくいかない原因となって、彼が挙手しても絶対発表させない、口をきかないなどの無視、特別扱いをされるようになる。この教師の態度は他の生徒にも影響を与えていった。健二が班長になっていた清掃班の清掃の仕方が悪いと殴られた（傍点山岸）後、彼は「平等に扱ってほしい」と教師に申し入れをするが、返事とは異なり特別扱いは改善されなかった。健二の教師不信、大人不信は決定的となる。健二は欠席がちになりながらも努力して学校へ行ったが、友だちからも「週休二日制」「お前は誰だ」といわれるようになり、不登校となった。そして中学二年の終わり頃、「分校」の一員となった。

2.2.「人格形成の問題」として捉えられ続けた健二の不登校

このような健二の不登校に関して、横湯は、学校にも確かによくないところがあるとしながらも、「管理教育が悪いと叫んでいるだけでは、健二はもう一度学校にもどることはできない。ましてや社会はもっときびしい条件にある」[9]と述べる。そして、健二の「人格」にもまた問題があり改善すべきところがある[10]として、その「人格形成過程」を問題としてゆく。具体的には、健二の「周囲の思わくを考えない」という「特徴」がその教育実践の焦点とされた[11]のである。

横湯の分析によれば、健二が「周囲の思わくを考えない」のは「実は他人の思わくを考え思わく通りに行動する、彼の特徴の裏返し」[12]である。また、健二が「他人の思わくを考え思わく通りに行動する」のは、かつての緊張的な家族関係に由来する。すなわち、家族関係を保とうとして父と母に気を配る（＝父母の思わく通りに行動する）習性が健二にはあったというのである。そうして、しかしそのような健二が中学教師の差別的対応など

によって「つぶされて」いった時、彼の「特徴」は「裏返し」になったのだ、と横湯は分析している[13]。

横湯は、健二が分校での教師ボイコット事件の際に横湯から支持された経験その他を通じて、「教師、大人への思わくなしで安心して自分を表現し、自己の解体と再編成への道を歩み始め」[14]たことを見て取り、このことを根拠に彼の不登校問題は解決に向かったと見なし、実践報告を終わらせている。

一見ハッピーエンドに見えるのだが、よく考えてみると、健二の不登校は差別的な教師を焦点化して「学校の問題」として捉えられてもよかった、或いはそう捉えられるべきであったと指摘できる。にもかかわらず、横湯によってそれは終始、健二自身の「人格形成の問題＝本人の内面の問題」として捉えられ解決されていってしまったのである。したがって、差別的な教師の問題は解決していない。つまり、「学校の問題」は何も改善されていないと指摘できる。

もっとも、健二の不登校自体、本当に解決したのかも実はよく分からない。述べたように、横湯は、健二が分校での教師ボイコット事件などを通じて、「教師、大人への思わくなしで安心して自分を表現し、自己の解体と再編成への道を歩み始め」たことを見て取り、彼の不登校問題は解決に向かったと見なしていた。しかし、本当に「自己の再編成」がなされたかは実はよく分からないのだ。ちなみに『生活指導研究』に掲載の別稿では、「再編成と統合は高校へと引き継がれた課題である」[15]と記されている。

3. 哲也の不登校をめぐる横湯の実践報告

3.1. 体罰の影響が無視できない哲也の不登校

もう1つ、「健二」に先立って、1981年公刊の著書『登校拒否――専門機関での援助と指導の記録』で報告された「哲也」の不登校[16]を見てみよう。

横湯の哲也とのかかわりは1970年頃のことであったと思われる。最初に経過の大枠を示しておくと、哲也は関東地方の或る「保守県」で不登校となり、1970年頃に横湯の勤務先であった「分校」で中学3年の1年間を過ごし、その後は、地元に戻って高校生となったようである。

　さて、哲也とのかかわりを描いた『登校拒否──専門機関での援助と指導の記録』の「第1章」の冒頭部分で、横湯は次のように述べている。

　　　彼（山岸注：哲也）の持つ問題点は、優等生の持つ「良い子」のイメージを破れない、自我の未熟さと完全癖、プライドです。[17]

　ちなみに、この論述に先立って、『登校拒否──専門機関での援助と指導の記録』の「まえがき」で、横湯は次のように述べている。

　　　寄せては返す波のように、いっけん何の変化もないようでいて、長い歳月がたってみると、海岸線はすっかり変化している。それが登校拒否症の原因だった問題点を克服して、一人の人間として自分をなおし、人格発達を成し遂げてゆく過程に似ているのです。[18]

　以上を総合するに、横湯は、哲也の「登校拒否症の原因」を、彼の「優等生の持つ『よい子』のイメージを破れない、自我の未熟さと完全癖、プライド」という「問題点」に見出していたものと思われる。

　しかしながら、哲也の不登校の発現に関しても、実は、体罰をふるい管理教育を行う学級担任の影響が無視できない。例えば、ある時、哲也が横湯に出した手紙には次のようにあったという。

　　　（山岸注：学業優秀・スポーツ万能で精神年齢も高かった同級生がふんぞり返るようにして授業を聞いていた）すると担任がつかつかと寄ってきて、その組んだ足を蹴っとばして、"馬鹿野郎！　足を組んでオレの授業を

第3章　1980年代の教育学による不登校理解　179

聞くなんて十年早いよ"と怒鳴りつけたんです。……

　しかも担任の教師ですから、これから一年間これ（山岸注：閉じ込められて逃げられない場所のように教室を感じること。教室というボックスへの恐怖感）が続くと思うと耐えられなかったのでしょう。今思えばあのことがぼくの登校拒否の火付け役の一つとなったことは間違いないようです。19)

3.2. 本人の内面の弱さの問題として捉えられていった哲也の不登校

　このように、哲也の不登校には体罰教師が密接に関係していた。しかし、にもかかわらず、横湯が、哲也の不登校を「学校の問題」と捉えてゆくことはない。横湯は、哲也の不登校と体罰教師の関係を、次のように「哲也の内面に弱さがあるからいけないのだ」というふうに捉えている。

　　（山岸注：優等生として生きてきて叱られることや恥をかくことや挫折感に慣れていなかった哲也には）失敗や挫折をはねのけるバネのようなたくましさが育っていず、弱さや脆さを内包していたはずで、それだけに叱責や失敗に対しても、傷つきやすかったと思います。だからこそ「厳格な教師」の出現と、その後の処置に対して過敏にならざるを得なかったのではないでしょうか。20)

　このように、体罰教師の方ではなく、体罰教師の与えるプレッシャーやストレスに耐えられない哲也の内面の弱さこそが「克服」されるべき「問題点」＝「登校拒否症の原因」と捉えられている。哲也の不登校は、なぜかあくまでも彼の「内面の問題」として捉えられ、「学校の問題」として捉えられることがないのである。

　しかし、いうまでもなく、体罰は、学校教育法第11条で禁止されている違法行為である。したがって、もし不登校の発現に体罰が関係していると考えるのであれば、この点が積極的に論点化されてよい。横湯の実践報

告のように、体罰そのものや体罰教師が存在する学校環境の病理性を問題視しないのは、おかしいことに思われる。

3.3.「学校の問題」には触れぬままの問題解決

しかし、横湯の実践報告を読み進めていくと、ともすれば、以上のおかしさは気にならなくなっていってしまう。この実践報告が「専門機関での横湯を中心とした援助と指導によって、哲也の内面の問題点（＝不登校の原因）が克服され、よってその不登校問題も解決された」とまとめられてゆくからである。

例えば哲也をめぐる実践報告の終わりの部分を見ると、次のようである。

　　彼は当時をふりかえって話します（山岸注：横湯と哲也の関わり合いは1970年頃の話であったので、時制が現在形になった終わりの部分で哲也は社会人になっている）。

「ぼくがあれほどまでに厳格な教師をなぜ嫌い、恐れたのか。それは父親のせいですね。封建的な考え方で、警官や教師は絶対だと教え込まれました。権威に対する畏怖心をたたきこまれました。そのような存在に対して、批判や反抗はできないし、『良い子』でいたかったし。自分の内心はどうであれ、『良い子』の評価はそれなりの居心地の良さがあるものです。全ての場面で、ぼくは自分がなかったんですね。その矛盾のなかで、教室や教師への恐怖心がつのり、しかも漏尿もあったんですね。現在では、そのことがよくわかります」

そして彼は続けます。

「先生とのけんかは、ぼくの教師観を完全にかえることになりましたよ。

他の二人の先生は親切でやさしくて、緊張してちぢこまっている気持ちをほぐしてくれ、相談相手になってくれました。そして、先生はタイプが違うが真剣で親身でしょ。自分以外を信じたらとんでもない

ことになると警戒していながら、判断力も見とおす力もない自分に対する不安もあって不安定だったのが、信頼していい人種がいることがわかったんです。その証拠に（山岸注：教師という人種一般への）対抗心が消えていました。この事件はぼくの立ち直りのポイントですね」21)

　このように、哲也の話もハッピーエンド調で終わる。だが、考えてみると、体罰教師の問題は放置されたままである。むしろ、実践報告が「専門機関での横湯を中心とした援助と指導によって、哲也の内面の問題点（＝不登校の原因）が克服され、よってその不登校問題も解決された」とまとめられた、まさにそのことによって、哲也の不登校と切っても切れない関係にあった、体罰教師という学校の病理性が不問に伏されてしまったとも指摘できるのではないだろうか。

4. 教育科学研究会による本人・家庭原因説の肯定

4.1. 学校の問題か子どもの問題か

　児童精神医学の野本文幸は、1989年に次のように述べている。

　　昨今、子供を取り巻く教育環境は決して手放しで喜んではいられない状況といえます。子供が登校拒否になるきっかけとして、教師の理不尽な暴力があったり、生徒をあからさまに差別する教師がいたりするなど、子供が余りにも可哀そうだと思わざるを得ない現実があります。そしてそういう教師に原因があるにもかかわらず、登校拒否と診断されるとすべての原因を、家庭と子供のこころの問題に押しつけてしまうことがもっぱらです。22)

　「健二」の不登校は「生徒をあからさまに差別する教師がいた」ものだし、

「哲也」の不登校は「教師の理不尽な暴力があった」ものであった――にもかかわらず、横湯は「すべての原因を、家庭と子供のこころの問題に押しつけてしま」っていた、と指摘できるのではないだろうか。

　すなわち、横湯の教育実践は、実はありふれたものであり、むしろ批判的に吟味されてもよいようなものではなかったのか。

4.2.「自我の再構成」という個人化

　横湯園子の『登校拒否・新たなる旅立ち』に対する「第7回教育科学研究会賞」の授賞理由は、次のようであった。

　　　　横湯園子『登校拒否――新たなる旅立ち――』は、登校拒否症や情緒障害に陥った子どもたちに治療と教育を精力的に展開した実践である。とりわけ思春期の内面的葛藤を個々のパーソナリティとの関連で把握し、ダイナミックな自我の再構成を問題提起していることが評価された。[23)]

　注意深く読むと、この授賞理由は、『登校拒否・新たなる旅立ち』における教育実践が、その実、不登校を「学校の問題」としてではなく、「子どもの内面の問題」として捉え解決したものであったことを示している。「登校拒否症」その他が「ダイナミックな自我の再構成」の問題として提起されたということは、要するに問題が個人化されたからに他ならない。不登校を「学校の問題」として捉えなかったお陰で、それは当時、教育学的に評価されたらしい、といったらいい過ぎだろうか。

　再引用となるが、『登校拒否・新たなる旅立ち』に4年ほど先行する『登校拒否――専門機関での援助と指導の記録』という本の「まえがき」には次のようにあった（下線は山岸による）。

　　　　寄せては返す波のように、いっけん何の変化もないようでいて、長

い歳月がたってみると、海岸線はすっかり変化している。それが登校拒否症の原因だった問題点を克服して、一人の人間として自分をなおし、人格発達を成し遂げてゆく過程に似ているのです。[24]

　要するに、横湯は、「登校拒否症の原因」を子ども本人の「人格発達」に見出していたのである。つまり、結局のところ、横湯もまた本人・家庭原因説の立場に立脚した専門家だったのである。そして、そういう不登校観に基づいた教育実践をこそ、教育学界の一角の教育科学研究会は高く評価していたのであった。

4.3. 評価の理由：「発達と教育」

　横湯の教育実践が評価された理由は何か──結論から述べれば、それが「発達」という教育学的な価値にそくしていたからではないかと思われる。
　例えば、1973年発行の『岩波小辞典　教育　第2版』、或いは1982年発行の『岩波教育小辞典』には「発達と教育」という項目があり、そこには次のようにある。

　　　（山岸注：反復練習などによる量的な発達の他に）総じて人間の精神発達には質的な発達すなわち飛躍が伴う。したがって、この質的な飛躍の前に必然に（山岸注：「必然に」原文ママ）ひきおこされる停滞、混沌、矛盾、葛藤の段階がある。この内面的なゆきどまり状態に対して、適切な文化を用意して、子どもの混迷からの脱出を助けることが人間の教育の重要な特質となる。[25][26]

　横湯の教育実践は、この「発達と教育」のストーリーをなぞるように体現したものになっていなかっただろうか。すなわち、それは、「（停滞、混沌、矛盾、葛藤等で）内面的なゆきどまり状態≒登校拒否症や情緒障害に陥った」子どもたちに対して、「適切な文化を用意して≒思春期の内面的葛藤を個々

のパーソナリティとの関連で把握」することによって、「混迷からの脱出を助ける≒ダイナミックな自我の再構成」をもたらすものになっていたと見られるのである。

4.4.「本人の内面の問題」として解決するしかない＝「学校の問題」にならない

　健二や哲也の不登校をめぐって、理念的には、2つのアプローチ＝方法があり得たと考えられる。すなわち、①不登校を「子どもの内面の問題」として捉え解決してゆくアプローチ＝子どもに「ダイナミックな自我の再構成」をもたらすことによって不登校を解決する方法と、もう1つ、②不登校を「学校の問題」として捉え解決してゆくアプローチ＝学校環境の病理性を改善して子どもが学校へ戻れるようにする方法、という2つのアプローチ＝方法である。

　ただし後者は、かなりの程度、現実的ではないのだろう。横湯が、健二や哲也の学校環境をソーシャルワーカーのように調整すること——例えば哲也の担任だった教師の体罰を法律に基づいて止めさせ、哲也が過度に緊張することなく学校生活を送れる環境を用意して、彼をもともと居た学校に戻すなどということは、恐らくかなり難しいことである（もっとも、それは必ずしもできないことではないし、うまくゆく可能性もないわけではなく、むしろそういう教育実践こそが報告されるべきではないかと個人的には思うのだが）。

　とすれば、横湯は、健二や哲也の不登校をあくまでも彼らの「内面の問題」として解決してゆくしかない。現実に照らせば、健二や哲也の不登校がたとえどんなに「学校の問題」として捉え解決してゆくべきものであっても、彼らの「内面の問題」として捉え解決してゆくしか、横湯にはできなかったのだと指摘できる。そこには現実的な限界があったのであり、この現実的な限界性ゆえに健二や哲也の不登校をめぐる横湯の教育実践は、「学校の問題」として捉え得る、或いはそう捉えるべきであった不登校事例を、にもかかわらず「子どもの内面の問題」として捉え解決してゆくものになっていたのではなかったか。

しかしそれでは、差別的教師や体罰教師などの「学校の問題」は温存され、学校環境は悪いまま一向に改善されない。いいかえれば、「学校の問題」として捉えるべき不登校事例が「子どもの内面の問題」と捉えられ解決されてゆくまさにそのことによって、学校の病んだ環境は改善の契機を失ってしまうのである。

1986年、教育科学研究会が賞を授けたのはそのような教育実践であった。当時の教育科学研究会には、いささかリアリティの欠如があったのではないだろうか。

第1部第1章の「9.」にも記したが、1980年代の半ばといえば、いじめられ自殺が発生したり、教師による体罰死事件が起きようとしていた時期である[27]。すなわちそれは「学校の病い」が既に自明視されていた時代であった。[28]

【注】

1) 日本児童精神医学会「第19回日本児童精神医学会総会に向けての予備討論——思春期登校拒否児童の治療・処遇をめぐって」『児童精神医学とその近接領域』第19巻、p258、1978年。

2) 毎日新聞社（編）『教育を追う　登校拒否の子』p178、毎日新聞社、1984年。

3) 横湯園子「登校拒否児の自立への連環を支えるネットワーク——教育・精神医学・臨床心理・福祉」『教育』通巻514号、p28、国土社、1989年。

4) 横湯園子『登校拒否・新たなる旅立ち』新日本出版社、1985年。

5) 同前書、pp139-147。

6) 横湯園子「現代の家庭と登校拒否をめぐって——M男にとっての登校拒否の意味を中心に」『生活指導研究』pp29-47、通巻第2号、1985年。

7) 横湯園子前掲『登校拒否・新たなる旅立ち』ジャケット袖。

8) 同前書、pp139-140。

9) 同前書、p141。

10) 同前。また横湯園子前掲「現代の家庭と登校拒否をめぐって」p36。

11) 横湯園子前掲『登校拒否・新たなる旅立ち』p141。

12) 同前。

13) 同前書、p142。

14) 同前書、p146。

15) 横湯園子前掲「現代の家庭と登校拒否をめぐって」p44。

16) 横湯園子『登校拒否――専門機関での援助と指導の記録』あゆみ出版、1981年、pp9-55。

　　ちなみに、この『登校拒否――専門機関での援助と指導の記録』は、1980年代に合計3回、登場している。すなわち、この後、次の2つのエディションがあらわれている。『登校拒否――専門機関での指導と援助の記録（教師の本棚13）』教師の本棚刊行会、1984年；『改訂新版　登校拒否――専門機関での援助と指導の記録』あゆみ出版、1988年。なお、「教師の本棚」版では、『登校拒否――専門機関での指導と援助の記録』というふうに副題の「援助／指導」がなぜか逆になっている。

17) 同前書、p11。

18) 同前書、p1。

19) 同前書、p16。

20) 同前書、p18。

21) 同前書、pp53-54。

22) 野本文幸『お父さん子育てしてますか』p169、朝日新聞社、1989年。

23) 教科研賞選考委員会（山岸注：「教科研」原文ママ）「第七回教育科学研究会賞選考経過について」『教育』通巻第469巻、p127、国土社、1986年。なお、その他、竹内常一『子どもの自分くずしと自分つくり』東京大学出版会・UP選書、1987年、が横湯による一連の教育実践を高く評価している。

24) 横湯園子前掲『登校拒否――専門機関での援助と指導の記録』p1。

25) 勝田守一・他（編）『岩波小辞典　教育　第2版』p189、岩波書店、1973年；五十嵐顕・他（編）『岩波教育小辞典』pp218-219、岩波書店、1982年。

26) なお、「発達」に価値を見出す考え方に対しては、教育心理学の山下恒男が、山下恒男『反発達論――抑圧の人間学からの解放』現代書館、1977年、において当時既に異議を唱えていた。

27) 豊田充『葬式ごっこ――八年後の証言』風雅書房、1994年；塚本有美『あがないの時間割　ふたつの体罰死亡事件』勁草書房、1993年、などを参照のこと。

28) 私はかつて拙稿に「試みに『教育学研究』を見渡してみると、大会シンポジウムに関連して幾つかの不登校論が散見される（中でも横湯園子のものは好論に思わ

れる）ものの、……」と記している（山岸竜治「不登校問題における〈性格・育て方原因説〉言説の問題性」『教育学雑誌』通巻第37号、p61、2002年）。つまり横湯を肯定的に評価していたのである。これは横湯の著作を読み込んでいなかったこともあるが、『教育学研究』という「権威ある」学術誌に載っている不登校論だからいいものに違いないと考えてしまったことが大きい。恥ずかしい話だが、事実上、最後の注として正直に記しておく。

結章

　第2部で見たように、1960年前後の不登校研究の生成以来、支配的な原因論であった本人・家庭原因説は1990年前後に放棄された。しかしその本人・家庭原因説も、そもそもは専門家によるそれなりの不登校研究に基づいて主張されたものである。したがって、「専門家によるそれなりの不登校研究」には実は何らかの問題点がはらまれていたのではないか、と考えられる。そこで、第3部では、わが国の不登校研究の問題点の剔抉を試みた。以下に第3部の主要な論点をまとめる。

　第1章では、清原浩及び伊藤美奈子の先行研究に基づいて、本人・家庭原因説の代表的主張者として選び出した、精神医学の高木隆郎に対する事例研究を行った。文献レビュー法によって、その不登校研究の問題点を考察したのである。

　高木の主張は、①家族に「父性の不在／父親像の弱体化」が生じていると、②自我社会化のためのモデル不在によって子どもは現実的な適応のための社会的自我の形成に失敗し、③特に学校場面での失敗を恐れ家庭に退避してしまい不登校になる、という、いわば「父性の不在／父親像の弱体化」原因説であった。彼はこれを1962年から1985年まで主張し続けた。

　しかし、諸文献を突き合わせてみると、「父性の不在／父親像の弱体化」は不登校の子どもの父親に固有のものではなかった可能性が高い。すなわち、それ（父性の不在／父親像の弱体化）は、不登校の子どもが居る家庭に・も・居ない家庭に・も・認められる可能性が否定できないものなのであった。高木は、一般的な社会現象であるものを、不登校の子どもの家族に固有のもの

であると、見誤っていたのではなかったか。考えてみると、高木は、不登校の子どもが居ない家族には「父性の不在／父親像の弱体化」も認められないということを、確かめてはいなかった。すなわち、高木の不登校研究には「対照群 (control group) との比較検討の不在化」という方法的問題点が内在されていた、と考察されたのである。

さらに、以上の考察結果のフィードバックを行った。すなわち、高木の不登校研究に見て取った「対照群との比較検討の不在化」という問題点が、わが国で最も充実した不登校研究を行ってきたと思われる日本児童（青年）精神医学会の機関誌『児童（青年）精神医学とその近接領域』に掲載された不登校に関する論文にも見られるものかどうか、を調べてみたのである。対象は、高木が「父性の不在／父親像の弱体化」原因説を主張し続けた1962年から1985年までの23年間に、『児童（青年）精神医学とその近接領域』に掲載された27編の不登校論とした。その結果、「対照群との比較検討の不在化」は27編の全ての論文に認められた。要するに、「対照群との比較検討の不在化」という高木の不登校研究の問題点は、普遍性を持つものだったのである。

第2章では、第1章の高木同様に、清原及び伊藤の先行研究に基づいて選び出した、臨床心理学の鑪幹八郎を取り上げた。鑪の本人・家庭原因説は、不登校を「学校状況における経験が症児の自己概念に受け入れられないものとしてはたらいており、自己概念を維持するために学校状況を拒否している状態」と捉えた、いわば「肥大した自己像」原因説であった。鑪はこれを1963年に提唱したのであるが、興味深いことに、同じ時期の1964年には英語圏でも同じ内容の「肥大した自己像」原因説が提唱されていた。本章では、この巡り合わせに注目して、「肥大した自己像」原因説について日本語圏と英語圏とで比較考察を試みた。

英語圏における「肥大した自己像」原因説は、1970年代には見かけられないものになる。1970年に「対照群」を用いた検証研究によって不支持を

表明され、以降も不支持が示され続けたのである。

　これに対して、日本語圏における「肥大した自己像」原因説は、1963年の鑑以降も臨床心理学の著名な専門家によって断続的に主張され続け、結局1990年——これは文部省が態度変更して「不登校はどの子どもにも起こり得る、特定の属性はない」といい出した年であるが——まで主張されていた。

　以上の比較考察から、わが国における不登校研究の問題点として以下の2点をあげた。第1は、前章同様に「対照群との比較検討の不在化」という問題点であり、第2は、英語文献に対する目配りの甘さという問題点である。第2の問題点をさらに考察して、どうもわが国の不登校研究の学界には根拠に基づかない無責任な発言を許す風土があるのではないか、とも述べた。

　第3章では、教育学による不登校研究について考察した。不登校は教育問題と考えられるものでありながら、主に児童精神医学や臨床心理学によって研究され、教育学研究の積極的対象にはなってこなかった。1990年まで日本教育学会の機関誌『教育学研究』に不登校を研究した原著論文が見当たらないのは、教育学による不登校研究の量的な手薄さを示唆していると思われる。また、多くの教育学研究者が参加している教育科学研究会の機関誌『教育』による、1989年の「登校拒否」特集に見られる基礎的な事実誤認は、教育学による不登校研究の質的な脆弱さを暗示しているものと思われる。

　その中で、教育科学研究会が1986年に中学教師であった横湯園子の不登校をめぐる教育実践に対して「第7回教育科学研究会賞」を与えているのは、そこに教育学的な不登校観が反映されていると考えられ、注目に値することに思われた。

　しかしながら、横湯の教育実践は「学校の問題」として捉えるべき不登校事例を「子ども本人の内面の問題」として捉え解決してゆくものであり、

本人・家庭原因説の立場に立脚したものであった。それでは、学校の問題点（差別的教師や体罰教師など）が温存され、学校環境は悪いまま一向に改善されない。だが、不登校を「子どもの内面の問題」として捉え、自分＝教師のかかわりによって子どもに「ダイナミックな自我の再構成」をもたらすことを通じて問題解決をはかる横湯の教育実践は、「発達と教育」という教育学的なストーリーをなぞったものでもあった。それゆえに教育科学研究会賞を受けたのでもあっただろう。しかし、これは、1980年代の教育科学研究会が、教育学的な価値に幻惑されて、不登校を題材にした問題のある教育実践を肯定してしまった、ということではなかったのか。

結 論

　第1部～第3部のそれぞれの末尾に結章をもうけ、各部ごとの内容のまとめを記してきた。ここでは最後に、「専門家による本人・家庭原因説の主張の妥当性」という本研究の問題意識に照らして、議論の総括を行いたいと考える。すなわち、児童精神医学や臨床心理学の専門家は本当に「不登校は本人の性格や親の養育態度に問題（悪いところ）があるから起こる」という原因論を主張しなければならなかったのか、或いはそのような原因論の主張の自制はできなかったのか、という問いに対する回答を行うこととする。

　結論からいえば、児童精神医学や臨床心理学の専門家による本人・家庭原因説の主張は、妥当性を欠いていた。なぜなら、本人・家庭原因説には「比較対照群との検討の不在化」という方法的な不備があったからである（第3部第1章、第3部第2章）。本人・家庭原因説にはいわば裏付けがなく、それは、本来、いまだ仮説段階にあると見なすべき原因論であったといえる。したがって、その主張は自制されるべきであった。

　一方には、教師との関係で不登校が起きるという事実が戦前から存在していた（第1部第1章）。後にこの事実は、不登校の社会問題化を契機に法務省によって公的に明らかにされ、文部省による本人・家庭原因説の放棄にもつながり（第2部第2章）、さらには学界における本人・家庭原因説の放棄を決定付けてゆく。逆に、長い間、この教師との関係で不登校が起きるという事実が尊重されなかったのは、しばしば臨床家でもある専門家が、クライアントでもある当事者を第一義的に擁護するという臨床の規範に忠実

193

ではなかったためと考えられる。代表性の認められる専門家であった小泉英二が、レトリックをロジックに用いるまでして学校・教師原因説を退け、本人・家庭原因説を主張していたのはその象徴である（第2部第1章）。

　しかし、その小泉でさえ学校や教師には反省すべき問題があると認めていた。不登校の原因となった教師の振る舞いの中には、差別的態度や体罰など教師の側に明らかな落ち度が認められるものがある（第3部第3章）。誤解のないように確認しておくと、私はここで、不登校の原因論として学校・教師原因説を主張しているのではない。私の主張は、不登校の中には教師との関係で起こった不登校もあったのだから、専門家が原因論として本人・家庭原因説を一般化していたこと（序論の【本人・家庭原因説の具体例】を参照のこと）は妥当性を欠いていた、というものである。

　そもそも、不登校問題は、学校制度が絶対的な規範性を帯びるという1950年代の社会的変化によって生じたものである（第1部第2章）。したがって、考えようによっては、不登校問題というのは、不登校を問題——病理とか逸脱とか——と見る時代や社会があるという、ただそれだけのことなのである。われわれは、子どもが学校へ行っていないことを重大視する時代ないし社会でなければ、実は不登校問題も存在しない、という相対化の視点を忘れてはならないのである。

引用文献（放送含む）

＊有田とも子「登校拒否」小川捷之（編）『臨床心理用語事典2 診断・症状・治療篇（現代のエスプリ別冊）』pp287-288、至文堂、1981年。

＊朝倉景樹『登校拒否のエスノグラフィー』彩流社、1995年。

＊『朝日新聞（夕刊）』9月16日付、1998年。（稲村博をニュースソースにした「登校拒否症は無気力症として尾を引く心配が強い」という内容の記事がある）

＊Berg, I.: School Refusal in Early Adolescence. In L. Hersov, I. Berg (eds.) *Out of School: Modern Perspective in School Refusal and Truancy*, pp231-249, Jhon Wiley & Sons, Chichester, 1980.

＊Cooper, M.: Self-identity in adolescent school refusers and truants. *Educational Review*, **36**; 229-237, 1984.

＊ダ・ヴィンチ編集部「石原慎太郎ができるまで」ダ・ヴィンチ編集部（編）『解体全書neo作家はいかにつくられるか』pp118-121、メディアファクトリー、2003年：原著2001年。

＊堂本暁子「子どもたちの告発」『これからの精神医療（法学セミナー増刊 総合特集シリーズ37）』pp53-62、日本評論社、1987年。

＊江藤淳『夜の紅茶』北洋社、1972年。

＊江藤淳『成熟と喪失――"母"の崩壊』講談社・講談社文芸文庫、1993年：原著1967年。

＊江藤淳『渚ホテルの朝食』文藝春秋、1996年。

＊古川八郎・菱山洋子「学校ぎらいの統計研究（1）――東京都における出現率の推移と社会的要因の考察」『児童精神医学とその近接領域』第21巻、pp300-309、1980年。

＊古沢頼雄「児童の臨床心理――問題行動とその治療」依田新・東洋（編）『児童心理学』pp214-236、新曜社、1970年。

＊二橋茂樹・他「登校拒否児の収容治療」『児童精神医学とその近接領域』第18巻、pp296-308、1977年。

＊原種孝・他「『登校拒否』にとって、相談活動とは？（〔分科会Ⅲ〕の記録）」『臨床心理学研究』第26巻第4号、pp43-70、1989年。

＊長谷川裕「生活困難層の青年の学校『不適応』」久冨善之（編）『豊かさの底辺に生きる──学校システムと弱者の再生産』pp107-145、青木書店、1993年。

＊橋本寿朗『戦後の日本経済』岩波書店・岩波新書、1995年。

＊Heath, A.: The self-concepts of school refusers. Ph.D.thesis, University of London, 1983.

＊Hersov, L.: School Refusal. In M. Rutter, L. Hersov（eds.）*Child Psychiatry: Modern Approaches*, pp455-486, Blackwell Scientific Publications, Oxford, 1977（ハーソフ．L（高木隆郎・小澤勲訳）「登校拒否」マイケル・ラター／ライオネル・エイブラハム・ハーソフ（高木隆郎監訳）『最新児童精神医学』pp451-481、ルガール社、1982年）.

＊Hersov, L.: School Refusal. In M. Rutter, L. Hersov（eds.）*Child and Adolescent Psychiatry: Modern Approaches*, pp382-399, Blackwell Scientific Publications, Oxford, 1985.

＊Hersov, L.: School Refusal: An Overview. In C. Chiland, J. G. Young（eds.）*Why children reject school: Views From Seven Countries*, pp16-41, Yale University Press, New Heven & London, 1990.

＊樋田大二郎「『不登校を克服することで一段と成長する』──登校の正当性をめぐる言論のたたかい」今津孝次郎・樋田大二郎（編）『教育言説をどう読むか──教育を語ることばのしくみとはたらき』pp185-206、新曜社、1997年。

＊日高敏隆『ぼくにとっての学校──教育という幻想』講談社、1999年。

＊東山紘久・東山弘子「遊戯療法」上里一郎（編）『心理療法入門』pp73-116、福村出版、1980年。

＊平井信義「児童の情緒障害の予防」星野命・託摩武俊（編）『臨床心理学』pp208-215、新曜社、1972年。

＊平井信義『登校拒否児──学校ぎらいの理解と教育（平井信義の児童相談2）』新曜社、1978年。

＊平井信義「児童精神医学会発会当時の思い出」『児童精神医学とその近接領域』第21巻、pp104-105、1980年。

＊平井信義「不登校児人権実態調査報告（参考）」法務省人権擁護局（監修）・法務省人権擁護局内人権実務研究会（編）『不登校児の実態について──不登校児人権実態調査結果報告』大蔵省印刷局、1989年。

＊平井信義『子どもを叱る前に読む本──やる気のある子に育てるには』PHP研究所、1991年。

＊平石賢二「美保子さんの通学」鈴木由紀夫・小川俊樹（編）『日常生活からの心理学

入門』pp51-67、教育出版、2001年。

＊平田一成「『登校拒否』について——小・中学校の想い出」『あも』第1巻第3号、p32、メディカ出版、1990年。

＊広田照幸『陸軍将校の教育社会史——立身出世と天皇制』世織書房、1997年。

＊菱山洋子・古川八郎「学校ぎらいの統計研究（2）——全国における出現率の推移と社会的要因の考察」『児童精神医学とその近接領域』第23巻、pp223-234、1982年。

＊本城秀次「家庭内暴力を伴う登校拒否児の特徴について」『児童青年精神医学とその近接領域』第24巻、pp337-353、1983年。

＊堀要「登校拒否と抑うつ状態（第2回児童精神医学会一般演題抄録・討議）」『児童精神医学とその近接領域』第3巻、p41、1962年。

＊堀内聰「心のかたより」詫摩武俊（編）『基礎青年心理学（基礎心理学講座Ⅳ）』pp169-191、八千代出版、1988年。

＊法務省人権擁護局（監修）・法務省人権擁護局内人権実務研究会（編）『不登校児の実態について——不登校児人権実態調査結果報告』大蔵省印刷局、1989年。

＊依田明『家族関係の心理』有斐閣・有斐閣新書、1978年。

＊五十嵐顕・他（編）『岩波教育小辞典』岩波書店、1982年。

＊生村吾郎「学校のやまいとしての登校拒否——学校はこどもたちをいじめている」河合洋（編）『いじめ——《子どもの不幸》という時代（メンタルヘルス・ライブラリー①）』pp68-81、批評社、1999年：原著1994年。

＊今川義昭「学校恐怖症に適用した収容治療による系統的脱感作法」『児童精神医学とその近接領域』第15巻、pp124-131、1974年。

＊今井五郎『ガラスのふれあい——ある登校拒否生徒の軌跡』第一法規出版、1987年。

＊稲村博『不登校・ひきこもり　Ｑ＆Ａ』誠信書房、1993年。

＊石井高明「『登校拒否』へのいくつかの視点」『あも』第1巻第3号、p16、メディカ出版、1990年。

＊石川憲彦『子育ての社会学』朝日新聞社、1985年。

＊石川憲彦「治療機関からわが子を守る実用的知識」石川憲彦・他『わが子をどう守るか——不登校・虐待・治療・いじめ・教育・法律』pp99-140、学苑社、1994年。

＊石坂好樹「象徴としての登校拒否」教育科学研究会・横湯園子（編）『不登校・登校拒否は怠け？病い？——その「対応」をさぐる（『教育』別冊2）』pp15-43、国土社、1991年。

＊石坂好樹「書評：河合隼雄（編）『講座心理療法第7巻　心理療法と因果的思考』岩

波書店、2001年」『児童青年精神医学とその近接領域』第42巻、pp249-255、2001年。

＊伊藤克彦「児童神経症の1考察——登校拒否女子学童の2症例を中心として」『児童精神医学とその近接領域』第3巻、pp147-154、1962年。

＊伊藤克彦「青年期登校拒否への治療的接近の一考察」『児童精神医学とその近接領域』第19巻、pp73-90、1978年。

＊伊藤美奈子「学童期・思春期：不登校」下山晴彦・丹野義彦（編）『発達臨床心理学（講座・臨床心理学5）』pp113-131、東京大学出版会、2001年。

＊岩田由子「学校恐怖症について」『小児科臨床』第13巻、pp1049-1055、1960年。

＊『児童青年精神医学とその近接領域』第48巻第1号、写真製版ページ、2007年。

＊Johnson, A. M. et al.: School phobia. *American Journal of Orthopsychiatry*, 11; 702-711, 1941.

＊門眞一郎「登校拒否の神話」『あも』第1巻第3号、p26、1990年。

＊門眞一郎「登校拒否の転帰——追跡調査の批判的再検討」『児童青年精神医学とその近接領域』第35巻、pp297-307、1994年。

＊門眞一郎「不登校の精神生理学」『こころの科学』通巻第62号、pp98-102、日本評論社、1995年。

＊門眞一郎「不登校の予後調査と議論のまとめ」『発達』第69号、pp31-40、ミネルヴァ書房、1997年。

＊門眞一郎「『どうなるの？』を考える（予後論）」門眞一郎・高岡健・滝川一廣『不登校を解く』pp168-199、ミネルヴァ書房、1998年。

＊上林靖子「精神科医療からみた登校拒否」『教育』通巻514号、pp30-39、国土社、1989年。

＊Kasahara, Yomishi「REFLECTIONS ON SCHOOL PHOBIA」『児童青年精神医学とその近接領域』第30巻、pp242-251、1989年。

＊加藤実「社会生活とメンタルヘルス」市川典義・佐竹宣夫（編）『社会生活の心理学』pp228-254、福村出版、1989年。

＊勝田守一・他（編）『岩波小辞典　教育　第2版』岩波書店、1973年。

＊河合文化研究所（編）『上野千鶴子著『マザコン少年の末路』の記述をめぐって』河合出版、1994年。

＊河合隼雄「父親喪失（「日記から」欄）」『朝日新聞（夕刊）』9月13日付、1976年。

＊河合隼雄『家族関係を考える』講談社・講談社現代新書、1980年。

＊河合隼雄『子どもと悪（今ここに生きる子ども）』岩波書店、1997年

＊河合隼雄『母性社会日本の病理』講談社・講談社プラスアルファ文庫、1997年：原著1976年。

＊河合隼雄・日高敏隆「日高敏隆さんと…子どもが個性をのばすとき」河合隼雄『あなたが子どもだったころ——こころの原風景』pp235-264、講談社・講談社プラスアルファ文庫、2002年：原著1991年。

＊河合洋『学校に背を向ける子ども——なにが登校拒否を生みだすのか』日本放送出版協会・NHKブックス、1986年。

＊木田宏「はしがき」全国教育研究所連盟（編）『登校拒否の理解と指導』p1、東洋館出版社、1980年。

＊貴志英一・森下一「学校恐怖症から精神分裂病様相像を呈した1症例——病者をめぐる治療状況」『児童精神医学とその近接領域』第14巻、pp316-321、1973年。

＊北村栄一・他「一公立中学校における過去15年間の不登校の実態」『児童青年精神医学とその近接領域』第24巻、pp322-336、1983年。

＊清原浩「不登校・登校拒否に関する研究の系譜——概念規定をめぐる歴史的展開を中心に」『障害者問題研究』通巻第69号、pp4-12、1992年。

＊清原健司「不良児・臨床例（二）」戸川行男（編）『臨床心理学』pp232-247、金子書房、1952年。

＊児玉憲典「訳者あとがき」ピーター・ブロス（児玉憲典訳）『息子と父親　エディプス・コンプレックス論をこえて——青年期臨床の精神分析理論』pp253-257、誠信書房、1990年。

＊小島（山岸注：「小島」原文ママ）謙四郎・大塚義孝「臨床心理学者の全国組織の設立について」『臨床心理』第1巻第6号、pp50-54、1963年。

＊小島信夫『抱擁家族』講談社・講談社文芸文庫、1988年：原著1965年。

＊小池清廉「自閉症児の治療をめぐって」『発達』通巻第11号、pp85-95、ミネルヴァ書房、1982年。

＊小泉英二「登校拒否をする子」小泉英二（編）『教育相談室』pp208-213、日本放送出版協会、1971年。

＊小泉英二「教育相談の立場から（第19回日本児童精神医学会総会シンポジウム：思春期登校拒否児童の治療処遇をめぐって）」『児童精神医学とその近接領域』第20巻、pp33-35、1979年。

＊小泉英二「学校ぎらいの子どもの理解」上出弘之・伊藤隆二（編）『学校ぎらいの子ども（治療教育講座5）』pp11-45、福村出版、1980年。

＊小泉英二「推薦のことば」全国教育研究所連盟（編）『登校拒否の理解と指導』p3、東洋館出版社、1980年。

＊小泉英二「教育相談の立場から見た不登校の問題（東京セミナー）」『児童青年精神医学とその近接領域』第29巻、pp359-366、1988年。

＊小泉英二（編）『登校拒否——その心理と治療』学事出版、1973年。

＊小泉英二（編）『続・登校拒否——治療の再検討』学事出版、1980年。

＊小泉英二・稲村博（編）『現代のエスプリ（特集：学校のメンタルヘルス）』第259号、至文堂、1989年。

＊近藤邦夫「教師－子ども関係を理解する」佐伯胖・他（編）『学校の再生をめざして2——教室の改革』pp49-81、東京大学出版会、1992年。

＊近藤邦夫『子どもと教師のもつれ——教育相談から』岩波書店、1995年。

＊黒田健次「登校拒否児の治療訓練キャンプ」『児童精神医学とその近接領域』第14巻、pp254-273、1973年。

＊教科研賞選考委員会（山岸注：「教科研」原文ママ）「第七回教育科学研究会賞選考経過について」『教育』通巻第469巻、p127、国土社、1986年。

＊毎日新聞社（編）『教育を追う　登校拒否の子』1984年、毎日新聞社。

＊Leventhal, T., Sills, M.: Self-image in school phobia. *American Journal of Orthopsychiatry*, **34**; 685-695, 1964.

＊牧原寛之・長屋正男・中嶌真知子「単親家庭の登校拒否に関する研究——7年間の児童相談所記録に基く分析（山岸注：「基く」原文ママ）『児童青年精神医学とその近接領域』第26巻、pp303-315、1985年。

＊牧田清志・小此木啓吾・鈴木寿治「思春期児童における登校拒否の精神力学的背景——その父親像をめぐって」『精神分析研究』第10巻第3号、p5、1963年。

＊牧田清志・小此木啓吾・鈴木寿治「思春期登校拒否児の臨床的研究——とくに慢性重症例について」『児童精神医学とその近接領域』第8巻、pp377-384、1967年。

＊間宮侑「思春期・青年期の心理臨床的問題」岡堂哲雄（編）『臨床心理学』pp57-75、日本文化科学社、1989年。

＊三原龍介・市川光洋「登校拒否の臨床的研究——家庭内暴力による分類を中心に」『児童青年精神医学とその近接領域』第27巻、pp110-131、1986年。

＊南伸坊「詫摩武俊先生　青年心理学」『笑う大学』pp55-64、筑摩書房・ちくま文庫、1993年：原著1987年。

＊三坂彰彦「登校拒否・不登校と子どもの人権」東京弁護士会・子どもの人権と少年法

に関する委員会（編）『学校と子どもの人権（子どもの権利シリーズ第1巻）』pp153-184、東京弁護士会、1993年。

＊文部省社会教育局『現代の家庭教育——小学校低・中学年期編』ぎょうせい、1987年。

＊文部省初等中等教育局『生徒指導資料第5集　生徒理解に関する諸問題』大蔵省印刷局、1970年。

＊文部省初等中等教育局『生徒指導資料第7集　中学校におけるカウンセリングの考え方』大蔵省印刷局、1971年。

＊文部省初等中等教育局『生徒指導資料第10集　思春期における生徒指導上の諸問題——中学校編』大蔵省印刷局、1974年。

＊文部省初等中等教育局『生徒指導資料第12集　精神的な適応に関する諸問題——中学校編』大蔵省印刷局、1976年。

＊文部省初等中等教育局『生徒指導研究資料第7集　精神的な適応に関する諸問題——高等学校編』大蔵省印刷局、1976年。

＊文部省初等中等教育局『生徒指導資料第15集／生徒指導研究資料第10集　生徒指導上の問題についての対策——中学校・高等学校編』大蔵省印刷局、1980年。

＊文部省初等中等教育局『生徒指導資料第16集　意欲的な生活態度を育てる生徒指導』大蔵省印刷局、1981年。

＊文部省初等中等教育局『生徒指導研究資料第11集　教育課程と生徒指導——高等学校編』大蔵省印刷局、1982年。

＊文部省初等中等教育局『生徒指導資料第18集／生徒指導研究資料第12集　生徒の健全育成をめぐる諸問題——登校拒否問題を中心に』大蔵省印刷局、1984年。

＊文部省初等中等教育局『生徒指導資料第22集　登校拒否問題への取組について——小学校・中学校編』大蔵省印刷局、1998年。

＊文部省学校不適応対策調査研究協力者会議「登校拒否問題について——中間まとめ」1990年11月（文部省教務研究会『詳解　生徒指導必携』pp458-465、ぎょうせい、1991年）。

＊文部省学校不適応対策調査研究協力者会議「登校拒否（不登校）問題について——児童生徒の『心の居場所』づくりを目指して」1992年3月13日（『学校経営——今、登校拒否問題を考える』第37巻第6号（5月号臨時増刊）、pp45-109、第一法規、1992年）。

＊森田洋司『「不登校」現象の社会学（第2版）』学文社、1997年。

＊武藤康史（編）「江藤淳年譜」江藤淳『妻と私・幼年時代』pp199-233、文藝春秋・文春文庫、2001年。

＊村上英治「わが国における臨床心理学の発展」玉井収介・小嶋謙四郎・片口安史（編）『臨床心理学の現状と活動（臨床心理学講座第4巻）』pp9-28、誠信書房、1968年。

＊村上春樹『ダンス・ダンス・ダンス（上）』講談社・講談社文庫、1991年：原著1988年。

＊村上春樹『女のいない男たち』文藝春秋・文春文庫、2016年：原著2014年。

＊村田豊久「子どもの病態と治療構造──わたしの経験から」『児童青年精神医学とその近接領域』第30巻、pp121-132、1989年。

＊村山正治『登校拒否児（講座情緒障害児第4巻）』黎明書房、1972年。

＊村山正治「学校ぎらいの子どもの原因」上出弘之・伊藤隆二（編）『学校ぎらいの子ども（治療教育講座5）』pp46-83、福村出版、1980年。

＊永瀬純三・園田匠・伊藤智章（編）『学校経営に生きる武将逸話思考』ぎょうせい、1988年。

＊中島浩籌「生涯学習・管理社会におけるカウンセリング」日本社会臨床学会（編）『カウンセリング・幻想と現実──上巻』pp160-211、現代書館、2000年。

＊中山一樹「不登校・『登校拒否』主要文献解題・目録」『教育』通巻514号、pp84-88、国土社、1989年。

＊中園正身「中学男児登校拒否の症例研究──家庭と学校状況が人格形成におよぼす影響を中心に」『児童精神医学とその近接領域』第21巻、pp203-214、1980年。

＊Nichols, K. A., Berg, I.: School phobia and self-evaluation. *Journal of Child Psychology and Psychiatry*, **11**; 133-141, 1970.

＊日本児童精神医学会「第19回日本児童精神医学会総会に向けての予備討論──思春期登校拒否児童の治療・処遇をめぐって」『児童精神医学とその近接領域』第19巻、pp246-266、1978年。

＊日本児童青年精神医学会「第24回日本児童青年精神医学会総会シンポジウム：登校拒否と現代社会」『児童青年精神医学とその近接領域』第25巻、pp78-97、1983年。

＊日本児童青年精神医学会（高岡健・山登敬之・川端利彦）「子どもの人権に関する委員会活動報告（会告）」『児童青年精神医学とその近接領域』第33巻、pp77-103；pp254-256、1992年。

＊西君子『登校拒否の理解と学校対応──本人・親・学校態勢・治療機関』教育出版、1990年。

＊西村秀明「不登校への誤解と今日的理解」久保武・西村秀明『不登校の再検討』pp85-144、教育史料出版会、1993年。

＊西村秀明「子どもたちからのメッセージ」久保武・西村秀明『不登校の再検討』pp175-227、教育史料出版会、1993年。

＊野本文幸『お父さん子育てしてますか』朝日新聞社、1989年。

＊小田晋『エディプスのいない家』朝日出版社、1980年。

＊小川捷之・小泉英二・神保信一・平井信義・渡辺位「座談会＝学校ぎらいにさせないためにどうしたらよいか」稲村博・小川捷之（編）『学校ぎらい（シリーズ・現代の子どもを考える⑨）』pp165-188、共立出版、1982年。

＊小倉清「思春期登校拒否の入院治療について（第19回日本児童精神医学会総会シンポジウム：思春期登校拒否児童の治療処遇をめぐって）」『児童精神医学とその近接領域』第20巻、pp44-48、1979年。

＊小倉清「日本と外国の『登校拒否』現象の比較」『教育』通巻514号、pp49-55、国土社、1989年。

＊岡村達也「あとがき——解題とBOOKガイド」高岡健・岡村達也（編）前掲『自閉症スペクトラム——浅草事件の検証・自閉症と裁判（メンタルヘルス・ライブラリー⑭）』pp172-184、批評社、2005年。

＊岡崎哲也・他「登校拒否症に対する疫学的接近——昭和53年島根県内小・中・高全校調査に基づいて」『児童精神医学とその近接領域』第21巻、pp333-342、1980年。

＊小此木啓吾・菊地正子・金田扶美子「思春期精神発達における登校拒否の identification conflict, negative identity & identity resistance ——いわゆる登校拒否児童の自我発達をめぐって」『精神分析研究』第10巻第2号、pp15-24、1963年。

＊奥地圭子『登校拒否は病気じゃない』教育史料出版会、1989年。

＊奥地圭子『東京シューレ物語』教育史料出版会、1991年。

＊奥地圭子『不登校という生き方——教育の多様化と子どもの権利』日本放送出版協会・NHKブックス、2005年。

＊恩田良昭「親からみたわが子の不登校」『こころの科学』通巻第51号、pp42-48、日本評論社、1993年。

＊小野修「登校拒否児の基礎的研究—— 1. 香川県における1調査」『児童精神医学とその近接領域』第13巻、pp250-260、1972年。

＊大石武「明暗分けた二人の担任（「ひゅうまん」欄）」『朝日新聞（夕刊）』3月26日付、2001年。

＊大高一則「青年期の登校拒否——個人精神療法に関しての一考察」若林慎一郎（編）『青年期の病理と治療』pp143-161、金剛出版、1992年。

＊大高一則「児童・思春期クリニックの現場から」『こころの科学』通巻第87号、pp61-65、日本評論社、1999年。

＊小澤勲『反精神医学への道標』めるくまーる社、1974年。

＊小澤勲『幼児自閉症論の再検討』ルガール社、1978年。

＊小澤勲「ほとんど登校拒否」『あも』第1巻第3号、p23、メディカ出版、1990年。

＊小澤勲『自閉症とは何か』洋泉社、2007年：原著1984年。

＊齊藤万比古「1993年：登校拒否の現状と治療」『不登校の児童・思春期精神医学』pp48-57、金剛出版、2006年：原著1993年。

＊齊藤万比古『不登校の児童・思春期精神医学』金剛出版、2006年。

＊斎藤慶子「平井信義先生を偲んで」『児童青年精神医学とその近接領域』第48巻、pp75-78、2007年。

＊斎藤清「児童福祉司の取扱った長期欠席児童の実態とその分析」『青少年問題』第6巻第8号、pp42-47、1959年。

＊斎藤久美子・他「学校恐怖症の収容治療——状態像および治療的変化にかんする要因の検討」『児童精神医学とその近接領域』第6巻、pp166-181、1965年。

＊斎藤久美子・他「登校拒否児の収容治療——類型的検討」『児童精神医学とその近接領域』第8巻、pp365-376、1967年。

＊斎藤環『社会的ひきこもり——終わらない思春期』PHP研究所・PHP新書、1998年。

＊佐野勝徳・他「生育歴からみた登校拒否の発生要因とその予防法について」『児童青年精神医学とその近接領域』第25巻、pp285-295、1984年。

＊佐々木正美「『学校ぎらい』について（しおり）」中石孝『学校ぎらい　硝子の少女』芸立出版、1985年。

＊佐藤修策「神経症的登校拒否行動の研究——ケース分析による」『登校拒否ノート——いま、むかし、そしてこれから』pp2-29、北大路書房、1996年：原著1959年。

＊佐藤修策「学校恐怖症の研究——ケース分析による」厚生省児童家庭局（監修）『登校拒否児の指導事例（児童のケースワーク事例集別冊）』pp143-156、日本児童福祉協会、1966年：原著1962年。

＊佐藤修策『登校拒否児』国土社、1968年。

＊佐藤修策「登校拒否症の心理臨床的研究」（博士論文・広島大学・乙第1327号）、1985年（国立国会図書館関西館所蔵）。

＊佐藤修策『登校拒否ノート──いま、むかし、そしてこれから』北大路書房、1996年。

＊佐藤修策・黒田健次『あらためて登校拒否への教育的支援を考える（再版）』北大路書房、1998年。

＊芹沢俊介・内田良子「不登校13万人の意味（対談）」『論座』通巻第55号（11月号）、pp12-27、朝日新聞社、1999年。

＊下山晴彦「非社会性」子安増生・二宮克美（編）『発達心理学──キーワードコレクション』pp176-179、新曜社、2004年。

＊篠原睦治「三木安正氏の思想と仕事──戦時・戦後の教育心理学と『精薄』教育」波多野誼余夫・山下恒男（編）『教育心理学の社会史──あの戦争をはさんで』pp252-278、有斐閣、1987年。

＊十亀史郎「学校恐怖症の研究（I）──その生育史と症状発生の機制」『児童精神医学とその近接領域』第6巻、pp67-76、1965年。

＊十亀史郎「学校恐怖症の研究（II）──症状発生の機制および入院治療について」『児童精神医学とその近接領域』第6巻、pp157-165、1965年。

＊菅谷克彦「6才の学校恐怖症の1治験例」『児童精神医学とその近接領域』第6巻、pp105-113、1965年。

＊菅谷克彦「収容治療の1経験例」『児童精神医学とその近接領域』第6巻、pp114-120、1965年。

＊皇紀夫「教育文化臨床と言語」住田正樹・鈴木晶子（編）『新訂　教育文化論──人間の発達・変容と文化環境』pp75-86、放送大学教育振興会、2005年。

＊鷲見たえ子「レオ・カナーのいわゆる早期幼年性自閉症の症例」『精神神経学雑誌』第54巻、p566、1952年。

＊鷲見たえ子・玉井収介・小林育子「学校恐怖症の研究」『精神衛生研究』通巻第8号、pp27-56、1960年。

＊多賀太「性別役割分業が否定される中での父親役割」広田照幸（編）『子育て・しつけ（リーディングス・日本の教育と社会第3巻）』pp117-128、日本図書センター、2006年：原著2005年。

＊田口正敏「サポート校・フリースクール・フリースペースについて」『こころの科学』通巻第87号、pp54-60、日本評論社、1999年。

＊高木隆郎「児童神経症の臨床」『小児科臨床』第13巻、pp1031-1039、1960年。

＊高木隆郎「学校恐怖症の問題点（第2回児童精神医学会一般演題抄録・討議）」『児童精神医学とその近接領域』第3巻、p42、1962年。

＊Takagi, R.: Mental mechanism of school phobia and its prevention. *Acta Paedopsychiatrica*, **30**; 135-140, 1963.

＊高木隆郎「学校恐怖症」『小児科診療』第26巻、pp433-438、1963年。

＊高木隆郎「学校恐怖症の家族研究」『精神神経学雑誌』第69巻、pp1048-1053、1967年。

＊高木隆郎「学校恐怖症──神経症的登校拒否と現代の家族」『からだの科学』第29号、pp54-58、日本評論社、1969年。

＊Takagi, R.: The family structure of shool phobics. *Acta Paedopsychiatrica*, **39**; 131-146, 1972.

＊高木隆郎「登校拒否を生む親」『教育心理研究』第32号、pp29-37、1971年。

＊高木隆郎「登校拒否の心理と病理」『季刊精神療法』第3巻、pp218-235、1977年。

＊高木隆郎「記憶の断片──『児童精神医学とその近接領域』刊行会のこと」『児童精神医学とその近接領域』第21巻、pp106-110、1980年。

＊高木隆郎「第1巻の編集事情（100号刊行にあたって）」『児童精神医学とその近接領域』第22巻、pp302-303、1981年。

＊高木隆郎「登校拒否の心理と病理」内山喜久雄（編）『登校拒否』pp11-58、金剛出版、1983年。

＊高木隆郎「登校拒否と家族」内山喜久雄（編）『登校拒否』pp59-79、金剛出版、1983年。

＊高木隆郎「登校拒否と現代社会」『児童青年精神医学とその近接領域』第25巻、pp63-77、1984年。

＊高木隆郎『児童精神科のお話』合同出版、1985年。

＊高木隆郎「児童青年精神医学の展開」京都大学医学部精神医学教室（編）『精神医学京都学派の100年』pp34-41、ナカニシヤ出版、2003年。

＊高木隆郎・他「長欠児の精神医学的実態調査」『精神医学』第1巻、pp403-409、1959年。

＊高木隆郎・他「学校恐怖症の典型像（I）」『児童精神医学とその近接領域』第6巻、pp146-156、1965年。

＊竹中哲夫「登校拒否児の心理治療における治療者の立場の問題──カウンセリング事例の比較的研究」『児童精神医学とその近接領域』第9巻、pp187-196、1968年。

＊竹内常一『子どもの自分くずしと自分つくり』東京大学出版会・UP選書、1987年。

＊滝川一廣「不登校はどう理解されてきたか」佐伯胖・他（編）『いじめと不登校（岩

波講座・現代の教育第4巻)』pp163-186、岩波書店、1998年。

＊高岡健「『どうする？』を考える（治療論）」門眞一郎・高岡健・滝川一廣『不登校を解く』pp77-143、ミネルヴァ書房、1998年。

＊高岡健「自閉症スペクトラム入門」高岡健・岡村達也（編）『自閉症スペクトラム――浅草事件の検証・自閉症と裁判（メンタルヘルス・ライブラリー⑭）』pp11-29、批評社、2005年。

＊高岡健・平田あゆ子・藤本和子「学校と精神医学――英国の動向と日本における問題点」『児童青年精神医学とその近接領域』第39巻、pp403-419、1998年。

＊玉井収介『登校拒否』教育出版、1979年。

＊玉井収介『自閉症』講談社・講談社現代新書、1983年。

＊玉井収介「登校拒否の概念」『臨床精神医学』第12巻、pp809-813、国際医書出版、1983年。

＊田中雅文・岡本聰美・十亀史郎「学校恐怖症の家族研究――その父親像を中心に」『児童精神医学とその近接領域』第7巻、pp121-131、1966年。

＊鑪幹八郎「学校恐怖症にかんする一考察（1）――その症状連関と原因機制について（第2回児童精神医学会一般演題抄録・討議）」『児童精神医学とその近接領域』第3巻、p43、1962年。

＊鑪幹八郎「学校恐怖症の研究（I）――症状形成にかんする分析的考察」『児童精神医学とその近接領域』第4巻、pp221-235、1963年。

＊鑪幹八郎「学校恐怖症の研究（II）――心理治療の結果の分析」『児童精神医学とその近接領域』第5巻、pp79-89、1964年。

＊鑪幹八郎「学校恐怖症に関する研究」（博士論文・京都大学・乙第1121号）、1968年（国立国会図書館関西館所蔵）。

＊鑪幹八郎「教師のための心理学⑨　登校拒否」伊藤隆二・坂野登・鑪幹八郎（編）『教育心理学を学ぶ』p242、有斐閣・有斐閣選書、1975年。

＊鑪幹八郎「登校拒否の治療」上出弘之・伊藤隆二（編）『学校ぎらいの子ども（治療教育講座5）』pp84-131、福村出版、1980年。

＊鑪幹八郎「登校拒否と不登校――神経症的発現から境界例および登校無関心型へ」『児童青年精神医学とその近接領域』第30巻、pp260-264、1989年。

＊鑪幹八郎『アイデンティティの心理学』講談社・講談社現代新書、1990年。

＊鑪幹八郎・山下格「［対談］アイデンティティとは何か――その原点と現点を探る」鑪幹八郎・山下格（編）『アイデンティティ（こころの科学セレクション）』pp147-

174、日本評論社、1999年。

＊TBSテレビ「格子の中の悲鳴──登校拒否児をなぜ精神病院に・はじき出す病む教室」『報道特集』1985年11月10日午後6:00〜6:54放送。

＊冨田和巳「不登校」『小児科診療』第63巻、pp1488-1492、診断と治療社、2000年。

＊登校拒否を考える緊急集会実行委員会（編）『『登校拒否』とは』悠久書房、1989年。

＊「東京シューレ」の子どもたち（編）『学校に行かない僕から学校に行かない君へ』教育史料出版会、1991年。

＊戸塚宏『私はこの子たちを救いたい──"殴らない父"と"愛しすぎる母"へ』光文社・カッパビジネス、1983年。

＊豊田充『葬式ごっこ──八年後の証言』風雅書房、1994年。

＊辻平治郎「登校拒否児の自己意識と対人意識」『児童精神医学とその近接領域』第22巻、pp182-192、1981年。

＊塚本有美『あがないの時間割　ふたつの体罰死亡事件』勁草書房、1993年。

＊植元行男・他「ロールシャッハ・テストを通じての登校拒否の精神病理学的考察」『児童精神医学とその近接領域』第9巻、pp253-267、1968年。

＊上野千鶴子『マザコン少年の末路』河合出版、1986年。

＊氏原寛『心理臨床の実際──続・カウンセラーを志す人のために』創元社、1980年。

＊梅垣弘「学校恐怖症に関する研究（I）──学校恐怖症の予後」『児童精神医学とその近接領域』第7巻、pp231-243、1966年。

＊宇津木えつ子「学校恐怖症の治療に関する二、三の考察──5ケースの分析を中心として」日本臨床心理学会（編）『臨床心理学の進歩　1966年版』pp293-299、誠信書房、1966年。

＊宇津木えつ子「登校拒否児童のSelf-Imageについて」日本臨床心理学会（編）『臨床心理学の進歩　1967年版』pp354-363、誠信書房、1967年。

＊宇津木悦子・板橋登美「登校を嫌がる女児とその母親──女児に対する遊戯療法と母親に対する社会治療の経過について」厚生省児童局（監修）『児童のケースワーク事例集』第9集、pp73-99、日本児童福祉協会、1957年。

＊山岸竜治「不登校問題における〈性格・育て方原因説〉言説の問題性」『教育学雑誌』通巻第37号、pp49-63、2002年。

＊山岸竜治「江藤淳の不登校が意味するもの」『学叢』通巻第71号、pp20-21、2003年。

＊山田潤「学校に『行かない』子どもたち──〈親の会〉が問いかけていること」佐伯胖・他（編）『いじめと不登校（岩波講座・現代の教育第4巻）』pp187-208、岩波書

店、1998年。

＊山本和郎「学校に行かない子——地域精神衛生活動を通して」安田生命社会事業団（編）『いわゆる登校拒否についてⅠ』pp73-100、安田生命社会事業団、1975年。

＊山本由子「いわゆる学校恐怖症の成因について」『精神神経学雑誌』第66巻、pp558-583、1964年。

＊山下英三郎「登校拒否は治療の対象か——病理としてのとらえ方には異議（「論壇」欄）」『朝日新聞（朝刊）』10月24日付、1988年。

＊山下恒男『反発達論——抑圧の人間学からの解放』現代書館、1977年。

＊山下恒男「序論」波多野誼余夫・山下恒男（編）『教育心理学の社会史——あの戦争をはさんで』pp1-10、有斐閣、1987年。

＊山登敬之「極私的不登校闘争二十年史序説」『こころの科学』通巻第123号、pp64-70、日本評論社、2005年。

＊山登敬之『子どもの精神科』筑摩書房、2005年。

＊横田正雄「登校拒否論の批判的検討〈その1〉——母子分離不安論の登場まで」『臨床心理学研究』第27巻第2号、pp56-61、1989年。

＊横田正雄「登校拒否論の批判的検討〈その2〉——登校拒否の社会的広がりに至るまで」『臨床心理学研究』第27巻第3号、pp2-8、1990年。

＊横田正雄「登校拒否論の批判的検討〈その3〉——分離不安論の新たな展開とその反作用」『臨床心理学研究』第28巻第1号、pp2-11、1990年。

＊横田正雄「登校拒否論の批判的検討〈その4〉——分離不安論から自己像脅威論へ」『臨床心理学研究』第28巻第3号、pp2-10、1991年。

＊横田正雄「登校拒否論の批判的検討〈その5〉——日本に登校拒否が現れた頃の社会状況と初期の登校拒否論」『臨床心理学研究』第30巻第1号、pp11-19、1992年。

＊横田正雄「登校拒否論の批判的検討〈その6〉——イギリスでの登校拒否の多発という現象を踏まえて」『臨床心理学研究』第31巻第3号、pp30-39、1994年。

＊横湯園子『登校拒否——専門機関での援助と指導の記録』あゆみ出版、1981年。

＊横湯園子『登校拒否——専門機関での指導と援助の記録（教師の本棚13）』教師の本棚刊行会、1984年。（山岸注：「指導と援助」原文ママ）

＊横湯園子『登校拒否・新たなる旅立ち』新日本出版社、1985年。

＊横湯園子「現代の家庭と登校拒否をめぐって——M男にとっての登校拒否の意味を中心に」『生活指導研究』pp29-47、通巻第2号、1985年。

＊横湯園子『改訂新版　登校拒否——専門機関での援助と指導の記録』あゆみ出版、

1988年。横湯園子「登校拒否児の自立への連環を支えるネットワーク——教育・精神医学・臨床心理・福祉」『教育』通巻514号、pp16-29、国土社、1989年。

＊吉田昭久・他「日本臨床心理学会をひもとく　その1——日本臨床心理学会の歴史を語る」『臨床心理学研究』第37巻第4号、pp43-54、2000年。

＊湯野川淑子・他「青年期前期女子における不登校と交友関係についての一試論」『児童青年精神医学とその近接領域』第25巻、pp296-302、1984年。

＊柚木馥「問題行動の臨床と教育」柚木馥・鈴木克明・清水貞夫（編）『教育臨床心理学』pp117-140、田研出版、1976年。

＊若林慎一郎・伊東秀子・伊藤忍「学校恐怖症または登校拒否児童の実態調査」『児童精神医学とその近接領域』第6巻、pp77-89、1965年。

＊若林慎一郎・他「登校拒否と社会状況との関連についての考察」『児童精神医学とその近接領域』第23巻、pp160-180、1982年。

＊渡部淳「『登校拒否』概念の見直しを」『臨床心理学研究』第23巻第2号、pp44-52、1985年。

＊渡辺位「青春期の登校拒否」『臨床精神医学』第5巻、pp1255-1260、1976年。

＊渡辺位「病院における治療」内山喜久雄（編）『登校拒否』pp155-170、金剛出版、1983年。

＊渡辺位「病める社会に悩む子どもたち」渡辺位（編）『登校拒否・学校に行かないで生きる』pp10-31、太郎次郎社、1983年。

＊渡辺位「不登校」清水將之（編）『改訂増補　青年期の精神科臨床』pp39-57、金剛出版、1989年。

＊渡辺位『不登校は文化の森の入口』東京シューレ出版、2006年。

本稿関連文献

＊山岸竜治「不登校問題における〈性格・育て方原因説〉言説の問題性」『教育学雑誌』
通巻第37号、pp49-63、2002年。

＊山岸竜治「日本の不登校研究の問題点に関する研究（その1）——高木の不登校研究
をめぐって」『臨床心理学研究』第43巻第1号、pp39-49、2005年。

＊山岸竜治「不登校理解＝原因論の変説に関する一考察——小泉英二に照準して」『社
会臨床雑誌』第13巻第3号、pp27-33、2006年。

＊山岸竜治・中島浩籌・篠原睦治「不登校をめぐって（討論）」『社会臨床雑誌』第14
巻第3号、pp122-130、2007年。

＊山岸竜治「不登校の史的考察（その1）——戦後の問題だったのか」『臨床心理学研
究』第45巻第2号、pp45-53、2007年。

＊山岸竜治「不登校を巡る治療・教育の再検討——1980年代の横湯園子の実践報告
から」『臨床心理学研究』第46巻第2号、pp45-54、2008年。

＊山岸竜治「不登校の史的考察（その2）——学校へ行っていない子どもの存在と対象
化の間」『臨床心理学研究』第47巻第3号、pp50-60、2010年。

＊山岸竜治「日本の不登校研究の問題点に関する研究（その2）——小澤の自閉症研究
批判を手がかりに」『臨床心理学研究』第51巻第1号、pp1-13、2014年。

あとがき

―――― 私はやはり私であり私でしかなく

　　あのな、中学校の終わり頃から、おれはセラピストのとこに定期
　　的に通てたんや。親とか教師とかに、行け言われてな。学校でそ
　　の手の問題をちょくちょく起こしてたわけや。つまり普通やない
　　ということで。けど、セラピーに通って、それで何かがましになっ
　　たかというと、そういう感じはぜんぜんない。セラピストなん
　　て、名前だけは偉そうやけど、ええ加減なやつらやで。わかった
　　ような顔して、人の話をうんうん言うて聞いてるだけでええんや
　　ったら、そんなもんおれにかてできるわ。1) (傍点原文)

　　　　　　　　　　　　　――村上春樹の小説の登場人物・2014年

　　本書は、私の博士論文「わが国における不登校研究の生成とその後の問
題点に関する研究――本人・家庭原因説の批判的検討を中心に」(日本大学
甲第3828号、2008年3月25日授与) に加筆修正をほどこしたものである。

　　博士論文の審査は、主査を指導教員の羽田積男先生、副査を平野正久先
生、広田照幸先生、横田正夫先生がご担当くださった。いずれも当時の日
本大学文理学部教授であられ、幾つものお仕事をお抱えになりそれぞれに
大変お忙しかったにもかかわらず、どの先生も私のためにわざわざ時間を
割いてくださり、思い思いのかたちでご指導くださった。心よりお礼申し
上げる。

　　本にするのが遅れてしまったのには様々な事情があるが、私が働くのに
忙しかったのが最大の理由である。大学院修了後は、非常勤講師を中心に、
その他にも非常勤スタッフとして地元の障害児支援のNPOや東京の某労

働組合などでダブルワーク、トリプルワークで働いていた。5年後、本当に運よく専任教員となることができたが、授業その他のオブリゲーションが多く（授業だけでも週に8コマ以上ある）、忙しさに慣れないままに日々が過ぎ、気づけばアッという間に9年半経ってしまっていた。ただ、私の見るところ、この9年半の間に本書と類似の研究が提出された様子はなく、それゆえ出版の意味もあるものと考えた次第である。

　出版へ至るきっかけは、2015年11月6日、7日、パルテノン多摩で開かれた第58回日本病院・地域精神医学会総会（東京多摩大会）の書籍販売ブースで、批評社の編集者である澁谷一樹さんと出会ったことである。お話をしながら名刺を交換して小澤勲の本を購入したようにも思うが、ともあれそれで批評社につながり、社主の佐藤英之さんのお力添えで博士論文を本として物質化することができた。子どものころからいわゆる本好きだったものの、本を作るのは初めてで右も左もわからない私に、佐藤さんも澁谷さんも粘り強くご丁寧におつきあいくださった。硬派の出版人でいらっしゃる佐藤さんからご覧になれば、私などはそこらのへんの小僧かチンピラなのだが、その私に絶えず敬意を滲ませて接してくださり、人間の関係性についても学ぶところが多かった。本当に感謝している。

＊

　本書はいわゆる当事者研究の本ではないが、当事者による研究の本ではある。

　略歴にあるように、私は標準的な年齢で大学に入っていない。学校が余り好きではなかった——大嫌いという程ではないが、そりの合わない教師が担任であることが多かった——私は、しかしながら学歴愛好家である両親の無理解もあり（高校を辞める辞めないで揉め父親からフルボッコにされてしまったこともあった）、ヘトヘトになりながらも頑張って高校まで学校に通い続けたのだが、高校卒業と同時に力尽きてしまい、今でいうひきこもりになってしまったのである。何より強迫性障害に悩まされていた。

外出ができないでいるので親に精神科に連れていかれ、精神科にかかり
ながら27歳で日本大学文理学部教育学科に受かるのであるが、精神医学
が効いたとはちょっと思えなかった。そういうことを10年近くかかって
いた医者にいって喧嘩別れになり、それで——実は入学早々休学していた
のだがそれでも一応——日大生であったので某日大附属病院にいって今度
は臨床心理士とカウンセリングをやることになった。以後やはり10年弱
の間、博士課程3年生で36歳の時まで臨床心理士にかかり、結局、先方
の家庭の事情で終結となったが、私はやはり私であり私でしかなく、「治
療」で自分のどこかが変容したとは思えなかった。以来、精神医学とか臨
床心理学とか本当に「学」なのか、というか、そもそもそれらは構造とし
て存在しているものなのか、というモヤモヤとした思いは私の深いところ
に濃厚にたち込めている。

　実は本研究の具体的なきっかけを私は思い出せないのだけれど、長期間、
精神医療や心理臨床の「される」側の当事者であり続け、にもかかわらず
最終的には不信感を抱いてそれらから離れたことは、この研究と無関係で
はないのだろうな、とは思う。

＊

　私がひきこもりでなくなっていくきっかけは日付で示すことができる。
それは1989年8月13日の日曜日。私はもうすぐ23歳だったが、この日、
私が投稿した短歌が『朝日新聞』の「朝日歌壇」で採られたのである。以来、
短歌と私とは切っても切り離せない。

　私がスローした31文字が、権威にキャッチされ、それで私は外部と「つ
ながった」。その後、私は、キャッチしてくれた歌人のおひとりの近藤芳
美先生に師事することになる。近藤先生のもとには未来短歌会という結社
（一種のサークル）が組織されており、そこには様々な人が——皆、短歌を
作る人であるわけだが——つどっていた。しっかりと生きている人に会え
ば背筋が伸び、俗物を見れば自分が——当時プータローだったわけだが

——生きていてもいいと思うことができた。少しずつ色々な人に出会い、ゆっくりと私の日常そして生活は変化していった。何より、未来短歌会を通じていつの間にか自然と私は人間関係の輪の中に戻っていた。

*

歌壇界隈では知られていることであるが、近藤芳美のモチーフの1つは「知識人への不信」である。そしてそれは、私が高校時代に深い影響を受けたイギリスの作家オーウェル（George Orwell）のモチーフと重なるものでもあった。私にとって大切なふたりの作家が、それぞれのかたちで「知識人への不信」というモチーフを持っていたこと——それも本研究と無関係ではないのだろう。

*

本研究では、児童精神医学、臨床心理学、教育相談学等の学界あるいは学会において「権威」とされた人々による研究が、実はゆがみを抱え正当性を欠いたものであった、ということを明らかにしてきた。この批判の書は、私が児童精神医学や臨床心理学等のコミュニティに属していないから書けたのだろうか——それは、そうかもしれないし、そうではないのかもしれない。ただ、いずれにしても「自由とは人の聞きたがらないことをいう権利である」というオーウェルの有名な言葉が世界に存在していなかったのなら、この小さな本もここに物質化はしてはいなかったと思う。

*

記したように私の父は、未成年である息子に暴力を振るう（立派な虐待である）ような愚かで野蛮な人であった。こんなことはオーウェルのいう品性の問題に照らしてペラペラしゃべることではないのであるが、とはいえひきこもりの当事者には役立つ事柄だと思うので記しておくと、今、私と父が交わすのは挨拶めいたものくらいで、もう10年以上会話らしい会話

はしてはいない。しかし暴力的コミュニケーションが横行するよりかは絶対的によいと思う。それ以上に、天使か悪魔かがあらわれて、じゃあ、おまえを小泉英二か高木隆郎か鑪幹八郎の子どもにしてやるよ、といわれたとしても私は断るに違いない。多分この心理があったので私は父を殺めなかった——。

*

近藤先生は心から尊敬できる人だったが、2006年、93歳で亡くなられた。先生が歌集を作ることをすすめてくださっていたにもかかわらず、私は勉強に忙しく、手が回らなかった。それは本当に心残りのことだ。

羽田先生も私の尊敬する人である。先生は今年度（2017年度）いっぱいで定年を迎えられる。その前に、この研究の方の本を物質化できたことはうれしい。

*

初めての本は近藤芳美先生に捧げると決めていた。羽田先生もお許しくださると思う。それは歌集のはずだったからだ。私は同世代の歌人たちにすっかり置いていかれてしまった——歌集を出して称賛されたいという気持ちが揺らいだことなどなかったのに。この本のもとになった研究はその気持ちを抑え込んで行われた。　　　　　　　　　　　　（2017.10.17）

【注】
1）村上春樹『女のいない男たち』p110、文藝春秋・文春文庫、2016年：原著2014年。

謝辞

————— 2017年10月

＊真っ先に、指導教員の羽田積男先生に――学恩を超え人生の恩人のおひとりという以外にありません。

＊平野正久先生に――何度も（時には夜遅く）先生のお部屋にお邪魔しました。いろんなことを手取り足取りご指導いただきました。先生はいつも笑顔でした。

＊広田照幸先生に――私の論文を何度も読んでくださり論文指導をしてくださいました。著名な先生が社会貢献に使えるはずのお時間を奪っているようで心苦しかったのですが、とてもうれしく大変励みになりました。……先生はなぜ自慢したり威張ったり一切されないのでしょう。

＊横田正夫先生に――心理学専攻教授の先生が教育学専攻の院生であった私をお部屋に招き、ご指導くださいました。学位授与の折も、ご丁寧にお祝いの言葉をいただきました。

＊私を踏んでくれた先生方にも――お陰でタフになりました。

＊小野雅章先生（日本大学）に――人事で干されてしまい、ダメになってしまいそうだった時、「腐っちゃだめだよ」と言葉をかけてくださいました。本当にありがたかったです。

＊高橋寛人先生（横浜市立大学）に──私の一部は、間違いなく新宿の某喫茶店のコーヒー及び先生とのディスカッションでできています。30代の私にとってかけがえのない時間を作ってくださいました。あれから10数年、なかなかお目にかかることがかないませんが、先生のことはしょっちゅう思い出しております。最近では、ネット上で先生が教員組合の委員長として社会的責任を引き受けご健闘されているご様子を拝見し、胸が熱くなりました。

＊樫田美雄先生（神戸市看護大学）に──大学院生時代に縁あって偶然、先生にしていただいた論文指導を忘れることはできません。厳しくも暖かい、とはあのことでしょう。あの丁寧さ、細やかさ、寛容さを忘れることはできません。

＊篠原睦治さん、中島浩籌さんをはじめとする日本社会臨床学会の皆さんに──これからもよろしくお願いします。

＊日本臨床心理学会に──この本のもとになった論文の多くは日本臨床心理学会機関誌『臨床心理学研究』に掲載いただきました。内紛の建設的収束を陰ながらお祈りしています。

＊詩人でフランス文学者の吉田加南子先生（学習院大学）と今はなき「現代詩研究　声の会」の皆さんに──学部学生時代、居場所としてあの場がなかったら、私はおかしくなっていたと思います。それにしても思い出すとうっとりするあの絢爛たる土曜日の午後……。

＊文芸評論家で日本近現代文学研究者の笠原伸夫先生（日本大学）に──先生の個人誌『湞』第5号（1998年）に拙稿「『サラダ記念日』に於ける〈大きな言葉〉──ジャパン・バブルを巡って」をご掲載くださいました。あ

れがなければ私は文学専攻への想いを整理できなかったように思います。

＊中西裕一先生（日本大学）に――生産工学部にて、専任教員としてのお手ほどきをしていただきました。先生がキリスト者であることから学ぶことも少なくありません。思いがけず3年間しか専任教員をご一緒できなかったのは残念でなりません。

＊花島幸司先生に――楽しかった小学校4～6年生の3年間！

＊俳人で比較文学者の夏石番矢／乾昌幸先生（明治大学）と奥様で俳人の鎌倉佐弓さんに――俳句でブツブツいうことは私の救いになっています。

＊未来短歌会に――短歌でギャーギャーいうことも私の救いです。

＊天国の近藤芳美先生と奥様のとし子さんに。

＊妹と弟、その配偶者と子どもたち、さらに憎しみを超えて両親に。

＊千葉駅周辺のいろんなお店の店員さんたちに。

＊この本の製作スタッフの皆様に。

＊様々な事情でここに名前を記せなかった方々に。

索引

●人名索引

あ

朝倉景樹……21, 25, 30, 109, 110, 114, 120, 121, 124

飯長喜一郎……102, 103

生村吾郎……67, 69, 74, 75, 76

石井高明……46, 55, 76

石川憲彦……21, 30, 58, 99, 100, 120, 126

石坂好樹……55, 59, 61, 62, 73, 74, 169, 173

石原慎太郎……49, 52, 54, 55, 56, 76

市川宏伸……82, 84

市川光洋……148, 155

伊藤美奈子……20, 24, 30, 42, 43, 59, 73, 82, 84, 135, 137, 156, 157, 170, 189, 190

稲村博……21, 97, 99, 114, 115, 116, 117, 118, 120, 123, 124, 125, 126

岩田由子……74, 77

宇津木悦子……61, 73, 76, 163

宇津木えつ子……158, 162, 163, 164, 166, 172

エイゼンバーグ（Eisenberg, L.）……137, 138

江藤淳……47, 52, 54, 55, 56, 65, 66, 74, 76, 153

大石武……49, 52, 54, 56, 64, 65, 66, 74, 76

大高一則……56, 101, 102, 103, 104

奥地圭子……75, 113, 122, 123, 124

小倉清……54, 55, 58, 168, 169, 172, 173, 175

小澤勲……15, 22, 24, 25, 29, 30, 93, 99, 101, 104, 156, 170, 172, 174

か

門眞一郎……15, 19, 20, 24, 29, 124

河合隼雄……33, 45, 50, 51, 52, 55, 56, 57, 169

河合洋……74, 99, 100

清原健司……64, 74, 76

清原浩……20, 21, 24, 30, 42, 43, 59, 73, 82, 84, 135, 137, 156, 189, 190

小泉英二……33, 85, 86, 87, 88, 89, 90, 91, 92, 93, 94, 95, 96, 97, 98, 99, 100, 109, 123, 126, 127, 128, 134, 135, 165, 169, 172, 194

近藤邦夫……57, 58

さ

齊藤万比古……20, 29, 140, 151

斎藤清……66, 67, 69, 74, 75, 76

斎藤環……85, 97

佐藤修策……20, 22, 23, 30, 42, 43, 50, 51, 57, 59, 60, 65, 70, 72, 73, 74, 75, 76, 77, 107, 121, 135, 136, 137, 138, 147, 154

佐野勝徳……148, 155

篠原睦治……22, 24, 27, 30

下田光造……62, 63, 65, 74, 76

ジョンソン（Johnson, A.M.）……94, 160, 161, 170

鷲見たえ子……20, 60, 73, 77, 137, 139

皇紀夫……107, 109, 121

た

多賀太……142, 143, 153

高木隆郎……20, 35, 50, 51, 57, 60, 61, 62, 73, 74, 75, 76, 77, 134, 135, 136, 137, 139, 140, 141, 142, 143, 144, 145, 146, 147, 149, 151, 152, 153, 154, 156, 157, 158, 159, 163, 170, 172, 189, 190

滝川一廣……29, 73, 107, 121, 124

田口正敏……106, 121

竹内常一……123, 137, 187

鑪幹八郎……56, 135, 137, 154, 156, 157, 158, 159, 162, 163, 164, 165, 166, 167, 168, 170, 171, 172, 190, 191

玉井收介……33, 35, 73, 75, 137, 164, 165, 166, 167, 168, 172

戸塚宏……21, 120, 125

冨田和巳……103, 104

な

中島浩籌……121

中山一樹……122, 123, 137

ニコルズ（Nichols, K.A.）……161, 162, 167, 171

西村秀明……21, 24, 30, 58

野本文幸……182, 187

は

バーグ（Berg, I.）……161, 162, 167, 168, 171

ハーソフ（Hersov, L.）……162, 171, 172, 173

樋田大二郎……21, 30

日高敏隆……47, 48, 52, 54, 56, 76

平井信義……32, 45, 50, 51, 52, 55, 56, 71, 75, 76, 90, 91, 92, 98, 99, 100, 111, 113, 122, 123, 127, 169

平田一成……46, 55, 76

広田照幸……153

ま

三原龍介……148, 149, 150, 151, 155

村山正治……32, 164, 165, 166, 167, 172

村田豊久……61, 62, 74

や

山下恒男……15, 22, 29, 30, 187

山田潤……105, 120, 121, 122

山登敬之……124, 137

山本由子……20

横田正雄……19, 20, 24, 26, 29, 170, 171

横湯園子……73, 136, 173, 174, 175, 176, 177, 178, 179, 180, 181, 182, 183, 184, 185, 186, 187, 188, 191, 192

ら

レーベンタール（Leventhal, T.）……158, 159, 160, 161, 162, 163, 167, 170, 171

わ

渡部淳……21, 24, 30, 99, 100

渡辺位……50, 51, 53, 57, 76, 88, 89, 94, 95, 96, 97, 99, 100, 128, 135, 137

●事項索引

あ

『朝日新聞』……33, 49, 56, 74, 114, 123, 126

いじめ……30, 49, 52, 54, 55, 64, 73, 74, 117, 121, 122, 168, 186

居場所……31, 96, 108, 110, 112, 114, 121, 126

意味微分法……161
親の会……17, 37, 53, 120, 122

か

風の子学園……126
学校不適応対策調査研究協力者会議……
28, 31, 105, 106, 108, 109, 114, 115,
118, 119, 121, 125, 126, 139, 151
関西臨床心理学者協会……18, 70, 77
傷付け……16, 17, 21, 31, 83, 101, 103, 104,
129
『教育』……58, 73, 122, 137, 169, 170, 172,
173, 174, 176, 186, 187, 191
教育科学研究会(教科研)……73, 136, 169,
170, 173, 174, 175, 176, 182, 183, 184,
186, 187, 191, 192
教育学研究……104, 136, 170, 174, 191
『教育学研究』……174, 187, 188, 191
教師……21, 24, 28, 35, 36, 38, 44, 49, 52,
53, 54, 55, 56, 57, 58, 64, 65, 66, 68,
76, 78, 88, 89, 90, 91, 94, 97, 98, 99,
102, 103, 113, 114, 119, 125, 126, 128,
130, 136, 140, 162, 164, 171, 174, 175,
176, 177, 178, 180, 181, 182, 183, 185,
186, 187, 191, 192, 193, 194
クライアント……75, 83, 96, 99, 101, 104,
106, 128, 129, 193
権威……18, 19, 20, 31, 35, 140, 142, 143,
144, 166, 167, 181, 188
『現代の家庭教育』……115, 118, 124, 126
公害……34, 93, 94, 95, 128
高校全入運動……59, 77

さ

差別的……177, 178, 194
差別的教師……186, 192

『児童(青年)精神医学とその近接領域』……
29, 55, 56, 57, 73, 74, 75, 85, 86, 91, 97,
98, 99, 104, 124, 136, 146, 147, 148,
151, 152, 153, 154, 155, 170, 171, 173,
186, 190
自閉症……15, 22, 24, 29, 30, 35, 37, 55,
73, 156, 170, 172
事例研究……22, 24, 27, 33, 83, 85, 127,
134, 136, 156, 189
真因……34, 35, 37, 86, 87, 88, 92, 128
真の原因……89, 91, 92, 97, 98, 127, 128
人権……53, 55, 58, 98, 110, 111, 112, 113,
115, 119, 122, 124, 126
精神保健法……122, 126
『生徒指導資料』……107, 115, 117, 118,
121, 124, 125, 126
専門家……16, 17, 18, 19, 20, 22, 23, 24,
25, 26, 27, 28, 31, 42, 45, 50, 51, 53,
54, 60, 71, 72, 73, 75, 78, 79, 83, 85,
86, 87, 91, 94, 99, 100, 101, 103, 104,
105, 106, 119, 120, 123, 127, 128, 129,
130, 134, 135, 137, 146, 152, 156, 158,
163, 166, 167, 168, 169, 175, 184, 189,
191, 193, 194

た

対照群……74, 139, 145, 146, 147, 148, 149,
151, 155, 156, 161, 166, 167, 190, 191,
193
体罰……178, 179, 180, 181, 182, 185, 194
体罰教師……180, 181, 182, 186, 192
体罰死……55, 58, 111, 112, 186, 187
田研式親子関係診断テスト……149, 150,
151
担任……36, 48, 49, 52, 56, 64, 66, 67, 74,
90, 91, 149, 177, 179, 180, 185

父親……31, 33, 35, 36, 38, 39, 134, 139,
　140, 141, 142, 143, 144, 145, 146, 149,
　150, 151, 152, 153, 154, 156, 181, 189,
　190
父親像……31, 33, 35, 36, 134, 139, 141,
　142, 143, 144, 145, 146, 150, 151, 152,
　153, 154, 156, 189, 190
長期欠席（長欠）……60, 66, 67, 69, 73, 74,
　77, 79, 88, 89
追加検証・再現検証……26, 27, 51, 83, 134
東京都立教育研究所……86, 123
登校忌避……63, 64
当事者……16, 17, 21, 22, 24, 26, 31, 52,
　53, 72, 79, 83, 95, 96, 99, 101, 103,
　104, 106, 109, 110, 114, 119, 120, 128,
　129, 130, 193
戸塚ヨットスクール……112, 120, 125

な

日本児童（青年）精神医学会……18, 62, 70,
　71, 72, 75, 77, 79, 85, 86, 87, 91, 93, 97,
　99, 114, 124, 126, 146, 147, 169, 173,
　175, 186, 190
日本臨床心理学会……18, 57, 70, 71, 72,
　75, 77, 79, 172

は

博士論文……23, 30, 70, 73, 75, 162, 171
肥大した自己像……31, 32, 34, 35, 135,
　156, 158, 159, 160, 161, 162, 163, 164,
　165, 166, 167, 168, 170, 171, 190, 191
父性……31, 33, 35, 36, 134, 139, 140, 141,
　142, 143, 144, 145, 146, 150, 151, 152,
　153, 156, 189, 190
不動塾……112, 122, 126
不良児……63, 64, 66, 74, 76, 79

文献レビュー法……27, 83, 134, 147, 189
分離不安……29, 33, 94, 135, 136, 137, 139,
　140, 156, 157, 159, 160, 170, 171
放縦児……61, 62, 63, 64, 65, 74, 76, 79
法務省……53, 55, 58, 91, 98, 110, 111, 112,
　113, 114, 118, 119, 120, 122, 125, 126,
　129, 130, 193
母子……29, 33, 34, 37, 39, 94, 135, 139,
　140, 143, 153, 154, 156, 159, 160
本人・家庭原因説……16, 17, 18, 19, 21, 22,
　23, 24, 25, 26, 27, 28, 31, 53, 54, 78,
　82, 83, 85, 86, 87, 88, 89, 90, 91, 92,
　95, 96, 97, 98, 99, 100, 101, 103, 105,
　106, 107, 109, 110, 111, 116, 117, 118,
　119, 120, 121, 123, 124, 125, 127, 128,
　129, 130, 131, 134, 135, 136, 139, 140,
　141, 153, 156, 157, 163, 166, 167, 182,
　184, 189, 190, 192, 193, 194

ま

文部省……15, 16, 21, 25, 27, 28, 31, 53,
　54, 83, 84, 85, 88, 89, 105, 106, 107,
　108, 109, 110, 111, 113, 114, 115, 116,
　117, 118, 119, 121, 122, 123, 124, 125,
　126, 127, 129, 130, 131, 151, 166, 167,
　174, 191, 193

や

誘因……34, 35, 37, 86, 87, 88

ら

臨床家……57, 73, 83, 86, 96, 101, 102, 103,
　104, 128, 129, 168, 193
『臨床心理学研究』……29, 30, 75, 100, 104,
　170

著者略歴

山岸竜治（やまぎし・りゅうじ）

1966年10月、千葉県四街道市生まれ。1985年3月、千葉県立佐倉高等学校卒業。大学には受からないまま、いわゆるひきこもりになってしまい、精神科外来にかかりつつ1993年度の予備校生活を経て、1994年4月、日本大学文理学部教育学科入学。初年度に休学したため1999年3月、卒業。2001年3月、日本大学大学院文学研究科教育学専攻博士前期課程修了。更に、満期退学、再入学を経て、2008年3月、同後期課程終了。その後、非常勤講師、NPO非常勤職員、労働組合臨時職員、等を経て、2013年4月より日本大学生産工学部准教授。博士（教育学）。精神保健福祉士。日本教育学会、日本社会臨床学会、日本臨床心理学会、日本病院・地域精神医学会、日本児童青年精神医学会、全国養護教諭サークル協議会、等に所属。

不登校論の研究
―――本人・家庭原因説と専門家の社会的責任

2018年1月25日　初版第1刷発行

著　者……山岸竜治

装　幀……臼井新太郎

発行所……批評社

　　　　〒113-0033　東京都文京区本郷1-28-36　鳳明ビル102A
　　　　電話……03-3813-6344　　fax.……03-3813-8990
　　　　郵便振替……00180-2-84363
　　　　Eメール……book@hihyosya.co.jp
　　　　ホームページ……http://hihyosya.co.jp

印　刷……モリモト印刷㈱

製　本……鶴亀製本㈱

乱丁本・落丁本は小社宛お送り下さい。送料小社負担にて、至急お取り替えいたします。

ⓒYamagishi Ryuji　2018　Printed in Japan

ISBN978-4-8265-0672-4　C3037

JPCA 日本出版著作権協会　　本書は日本出版著作権協会（JPCA）が委託管理する
http://www.jpca.jp.net　　著作物です。本書の無断複写などは著作権法上での
例外を除き禁じられています。複写（コピー）・複製、その他著作物の利用については事前に日本出版著作権協会（電話03-3812-9424 e-mail：info@jpca.jp.net）の許諾を得てください。